LAS *Mujeres* EN LOS NEGOCIOS

Las mujeres en los negocios es un libro que le revelará infinitas posibilidades de éxito que usted puede tener para lograr su independencia económica, elevar su autoestima y disfrutar los beneficios del poderoso mundo de las ventas.

Las mujeres en los negocios fue concebido por Cyndi Kaplan, una mujer, que como usted, ha tenido que salvar diversos obstáculos para lograr su propia superación. Así, ella le propondrá actividades que desde hoy podrá iniciar, tales como las ventas directas.

En esta obra encontrará soluciones a problemas como el conservadurismo masculino, la falta de tiempo, las tareas dentro de la casa, o las relaciones con el marido y los niños, y le despejará el camino hacia su plenitud como mujer.

Cyndi Kaplan

LAS *Mujeres* EN LOS NEGOCIOS

SELECTOR
actualidad editorial

SELECTOR
actualidad editorial

Doctor Erazo 120   **Tels.   588 72 72**
Colonia Doctores   **Fax: 761 57 16**
México 06720, D. F.

LAS MUJERES EN LOS NEGOCIOS
The Beauty of Business

Traducción: Susana Liberti
Portada: Sergio Osorio

Copyright © Cyndi Kaplan 1992
Ilustraciones originales: Max Foley
D.R. © 1993, Selector, S.A. de C.V.

ISBN (inglés): 0–646–10869–7
ISBN (español): 968–403–691–4

Décima tercera reimpresión. Noviembre de 2002

Dedicado a mis maravillosos hijos,
Jason y Nikki,
cuyas vidas continúan
enriqueciéndome e inspirándome.

A mi amigo, compañero del alma
y amor, Michael,
gracias por ser el viento
que sostiene mis alas.

Contenido

Prefacio

¿Cuál es la belleza de los negocios?

Un negocio que te da la libertad de trabajar cuándo, dónde y con quién prefieras.

Un negocio que no tiene techo y tiene un potencial ilimitado para ganar tanto como desees.

Un negocio que crece gracias al poder de compartir y de la alegría de la amistad.

Un negocio que tiene gastos fijos bajos, costos iniciales mínimos y proporciona entrenamiento gratuito.

Un negocio que te otorgará un estilo de vida envidiable, una familia más unida y tiempo para ti.

Un negocio que no solamente genera ganancias, premios y viajes maravillosos, sino que también aumenta tu poder personal.

Esta es la belleza de los negocios.

Este es el negocio

de la venta directa.

Capítulo 1

La venta directa:
lo que puede hacer por ti

¿Qué es la venta directa?

Hay una explosión de compañías de venta directa en todo el mundo. No se trata de una moda, o un plan para volverse rico rápidamente. Es sobre todo una tendencia de los negocios de hoy.

Aunque la venta directa ha sido empleada como sistema de mercadeo por más de 30 años, en la actualidad es la forma de menudeo de crecimiento más rápido. A raíz de la crítica situación económica de comienzos de los noventa, **la gente está buscando maneras de aumentar su ingreso.**

Todos los días, los reportajes noticieros en la radio, la televisión y los diarios contienen estadísticas alarmantes de **más y más desempleados y menos y menos empleos.**

La venta directa permite a las personas volverse prácticas, tomar la iniciativa y **hacer algo en relación con sus vidas.**

El éxito de las mujeres en el desarrollo de un negocio de venta directa hace mucho más que mantenerlas empleadas. Cuanto más productos se venden, más productos se necesitan. Esto estimula la manufactura y crea más empleos en la industria.

Además, los agentes de venta directa exitosos gastan más en casas, autos, ropa y accesorios, y esto es lo que necesitamos **para que la economía se ponga nuevamente en movimiento.** Necesitamos tanto la confianza para gastar así como la confianza para consumir, invertir y desarrollar nuevos productos.

El resonante mensaje que obtuve al entrevistar a incontables triunfadoras dentro del negocio de la venta directa y a los principales ejecutivos de las propias compañías, fue que la inversión en este negocio era la **inver-**

sión en el desarrollo de la gente. Todas las compañías con las que hablé ofrecen entrenamiento sin costo o con un costo muy bajo para los agentes. El entrenamiento es, sin excepción, positivo, **dirigido hacia el crecimiento del individuo.** Cada mujer triunfadora entrevistada para este libro ha hecho énfasis en su crecimiento personal como su mayor posesión.

Los consumidores se están volviendo más conscientes de la calidad de los productos y del valor de los servicios. La mayoría de las compañías de venta directa produce o distribuye productos de **calidad superior** y proporciona **servicio personalizado.**

La venta directa es un método que consiste en llevar el producto directamente al consumidor por la vía de vendedores independientes que buscan al cliente para hacer la demostración del producto, generalmente en la casa o el negocio de éste.

La venta directa es una oportunidad ideal para que las mujeres establezcan su propio negocio. La razón fundamental de esto es que ofrece a las mujeres la posibilidad de combinar sus papeles de madre, ama de casa y mujer de negocios. Es posible operar un negocio de venta directa desde el hogar, con éxito. Puedes elegir tu horario. Los costos iniciales son mínimos porque casi no hay desembolso de capital y la venta directa ofrece productos que son básicos y que se venden repetidamente.

Los costos iniciales varían de compañía a compañía. Las cuotas de ingreso son mínimas y la mayoría de los juegos de productos necesarios para empezar cuestan menos de 200 dólares.

La venta directa ofrece a las mujeres la oportunidad de volverse financieramente independientes. Aunque tengas recursos mínimos, puedes ingresar a una compañía de venta directa. Como persona de negocios autoempleada, tendrás control sobre tu propia vida.

Esta forma de venta les da a los consumidores la oportunidad de conocer el producto en un ambiente relajado, antes de que compren un solo artículo. Por ejemplo, en el área de los cosméticos, muchas mujeres compran un producto en una tienda departamental, otro en una farmacia, pero sólo los utilizan en forma casual. La venta directa les da a las mujeres una oportunidad de aprender sobre el cuidado total de la piel. A muchas mujeres no les gusta quitarse el maquillaje en un lugar público ni tienen el tiempo para consultas prolongadas en una tienda minorista. **Los clientes quieren servicio y atención personalizada.**

Sé tu propio jefe

Produce una tensión extrema conseguir equilibrar las necesidades personales, con las exigencias de la familia y un horario de trabajo de tiempo completo en un ambiente empresarial.

Algunas mujeres que han seguido carreras empresariales y han alcanzado grandes alturas se han sentido desilusionadas una vez alcanzada la cima. Han admitido la derrota al no ser capaces de manejar las rigurosas exigencias del trabajo junto con una vida personal y familiar satisfactoria.

Mientras que los hombres tradicionalmente han alcanzado sus metas profesionales con el apoyo de las mujeres de su hogar, las mujeres no tienen este privilegio. Como dicen, detrás de cada hombre de éxito está su esposa. Sin embargo, **detrás de cada mujer de éxito hay una niñera y una sirvienta.**

Ventajas de tener tu propio negocio

La libertad de elegir cuándo trabajar y cuándo tomar tiempo para tu familia es una de las grandes ventajas de estar en un negocio desde tu propia casa. Debido a que tienes mayor flexibilidad y control sobre tu propio horario. Esto no quiere decir que probablemente vas a trabajar menos horas, en realidad puedes esperar que vas a dedicarle mucho más tiempo. Pero hay una gran diferencia porque tienes elección y control sobre tu propia vida.

Otra gran ventaja de ser tu propio jefe es que no eres víctima de las decisiones tomadas por alguien más. Puedes hacer lo que es correcto para ti y para tu negocio, y evitas la política de oficina.

Cuando eres tu propio jefe tienes más

- ❀ Flexibilidad.
- ❀ Control sobre tu tiempo.
- ❀ Estatus personal.
- ❀ Estilo de vida más equilibrado.
- ❀ Recompensas monetarias.
- ❀ Crecimiento personal (autorrealización).

Ventajas del negocio de la venta directa

- ❀ No tiene límite de edad, ni requiere estudios, ni tiene prejuicios de sexo o nacionalidad. Está abierto a cualquiera que esté dispuesto a trabajar en el negocio.
- ❀ Tú puedes fijar tu propio horario.
- ❀ Tienes una oportunidad de conocer más personas.
- ❀ Puedes conservar tu trabajo actual, si tienes uno.
- ❀ Puedes decidir trabajar, si no tienes empleo.

15

❦ Los costos fijos son mínimos.
❦ Los costos iniciales son bajos.
❦ Recibes entrenamiento gratuito.
❦ Puedes mejorar tus habilidades comerciales
   y personales.
❦ Puedes trabajar a tu propio ritmo desde tu casa.

Independencia financiera para las mujeres

La ilusión de un caballero de brillante armadura que se encarga de las necesidades económicas de una mujer ha quedado destruida. En alguna etapa de sus vidas, muchas mujeres necesitan ser capaces de ser económicamente independientes y de mantenerse a sí mismas. Decididamente creo que las mujeres deben desarrollar sus propios perfiles financieros así como las capacidades para la supervivencia económica.

En estos tiempos de recesión económica, a menudo es necesario tener dos ingresos. La ironía es que **no hay un riesgo mayor que tener que depender de alguien más para que te mantenga.** Tú eres responsable de tu vida. Podrías decidir permanecer soltera o verte en la necesidad de valerte por ti misma por otras circunstancias. Este libro te muestra que tienes una opción y cómo desarrollarla.

¿Por qué las mujeres triunfan en los negocios?

❦ Muchas mujeres trabajan con más diligencia
   que los hombres.
❦ En general, las mujeres tratan los problemas
   y a la gente con mayor comprensión.
❦ Las mujeres son más prácticas con el dinero
   y más hábiles para el presupuesto básico.

❦ En los negocios, las mujeres piensan a largo plazo en lugar de perseguir el dinero rápido.

❦ Las mujeres son decididas.

❦ La mayoría de las mujeres tiene un extenso repertorio de habilidades.

Perfil de una triunfadora

Cuando entrevisté a triunfadoras en el negocio de la venta directa fue maravilloso descubrir que cada mujer lo hizo a **su propia manera y con su propio estilo**. Algunas de ellas tenían personalidades fuertes y carismáticas. Otras desplegaban increíble persistencia y otras triunfaban gracias a sus habilidades para vender y tratar a las personas.

Hay muchas maneras creativas de constituir un negocio, y debes explorar las posibilidades para descubrir qué estilo se adecúa a tu personalidad. La venta directa le ofrece a las mujeres muchas oportunidades variadas para **explorar sus talentos, puntos fuertes y capacidades**. Las mujeres que disfrutan enseñándoles a los demás, construyen sobre sus habilidades para enseñar. Otras, que están más orientadas hacia el producto, hacen énfasis en la venta. De tal manera este negocio ofrece una amplia gama de enfoques para explorar y desarrollar talentos.

Razones para ingresar a una compañía de venta directa

Las razones por las que las mujeres ingresan a las compañías de venta directa varían enormemente. Sin embargo, menos del 10 por ciento de las mujeres que están en esta industria la escogen como una carrera de tiempo completo.

✓ Para ser económicamente independiente.

✓ Para complementar un salario.

✓ Para complementar el ingreso familiar.

✓ Para darles a los hijos educación en escuelas privadas.

✓ Para la seguridad económica futura.

✓ Para hacer amistades.

✓ Para ganar dinero y llevar a cabo
un acontecimiento, viaje o proyecto especial.

✓ Para desarrollarse como persona.

✓ Para aumentar su confianza.

✓ Para mejorar las capacidades comerciales.

✓ Para ganarse la vida como persona sola.

✓ Para desarrollar una carrera estimulante
y remuneradora.

✓ Como un medio de adquirir productos al mayoreo.

✓ Para conocer un área nueva.

"Trabaja en el negocio para ti misma,
pero no sola" (Lema de Pola)

Como dijo Fabian Dattner en su libro, **No se arriesga nada, no se gana nada**: "Las mayores cualidades de las mujeres son su capacidad para crear redes, para nutrir, su gentileza, su compasión, su capacidad de amar, su disposición para compartir información y su anhelo de ver triunfar a otros". Estas características son vistas, en forma creciente, como las cualidades del líder moderno. Hoy, más mujeres triunfarán al usar sus habilidades innatas. Las mujeres no necesitan competir con los demás. Pueden triunfar en sus propios términos.

Mi primer libro fue una guía para las mujeres empresarias. Después de hablar con mujeres de muchas ciudades, aldeas y países diferentes, me di cuenta de que algunas mujeres no eran del tipo pionero. Había las que tenían ideas brillantes y el empuje, la fibra y los recursos para desarrollar estas ideas. Otras querían **ser parte de una organización**, necesitaban pertenecer a algo. Así como las que eran **grandes jugadoras de equipo** y no querían establecer un negocio solas.

Las compañías de venta directa proporcionan oportunidades para las mujeres que quieren los beneficios de un negocio propio, la independencia así como el apoyo, el producto y el entrenamiento de una compañía más grande.

Las mujeres que triunfan y alcanzan la cima en las ventas directas gozan del mismo estatus, privilegios y recompensas económicas que los empresarios independientes o los propietarios de pequeños negocios.

El futuro de las mujeres en la venta directa

Las mujeres son idealmente adecuadas para las ventas

- ❀ Las ventas directas son atractivas para las necesidades del estilo de vida de las mujeres.
- ❀ Hoy las mujeres quieren un mayor equilibrio en sus vidas.
- ❀ Muchas están frustradas por la falta de oportunidad para tener un estatus ejecutivo en las grandes corporaciones.
- ❀ A nivel corporativo, todavía no están pagadas igualmente.
- ❀ La venta directa es fundamentalmente un negocio centrado en la capacidad para comunicarse, compartir y hacer participar a otros.

❀ Las mujeres responden bien a un ambiente de negocios con un enfoque ganar-ganar.

❀ Anhelan ver triunfar a todos.

❀ Las mujeres tienen disposición para compartir información.

❀ Las mujeres son sustentadoras naturales.

❀ Las mujeres son buenas líderes de equipos.

❀ Son excelentes para el detalle.

❀ Las mujeres usan su intuición en los negocios.

❀ Las mujeres tienen habilidades de comunicación bien desarrolladas.

❀ Las mujeres están acostumbradas a formar redes a nivel personal.

Hasta ahora, las mujeres siempre han tenido que ser el doble de buenas que los hombres para que las acepten en un mundo empresarial corporativo dominado por el hombre. En la venta directa, **las recompensas están basadas solamente en el desempeño**. Las mujeres pueden brillar sin límites, fronteras o políticas que impidan el triunfo.

La extensa gama de productos de la venta directa son de **gran consumo**. Los productos que van desde cosméticos y artículos domésticos a alimentos nutritivos y naturales, juguetes y joyería, generalmente son comprados por mujeres. Son las mujeres quienes hacen el presupuesto y quienes toman las decisiones con respecto a dónde, cuándo y cómo van a ser adquiridos.

A menudo, las mujeres tienen carreras en zigzag. Algunas pueden comenzar a trabajar cuando se convierten en madres y quieren ganar algún dinero extra. A medida que cambia la estructura de la familia, gradualmente ellas tienen más tiempo disponible para dedicarlo a sus profesiones. Otras mujeres comienzan a trabajar mucho antes de tener hijos. **Los trabajos tales como los de secretarias, empleadas y maestras, tienen perspectivas limitadas.**

Las ventas directas proporcionan la oportunidad de ganar dinero extra invirtiendo poco tiempo y paralelamente construir una carrera interesante, estimulante y desafiante. La decisión y la flexibilidad están disponibles, dependiendo de las necesidades de cada individuo.

Capítulo 2

Lineamientos para seleccionar una compañía

Qué es la red de mercadeo

Lista de compañías examinadas

Puntos a considerar

Una oportunidad para las mujeres

Elige una compañía

Qué es la red de mercadeo

Según Kearney y Bandley, autores de **"Red de mercadeo"**: "La red de mercadeo es un plan legal, de ventas directas, que mueve el producto desde el fabricante por medio de múltiples niveles de distribución para llegar hasta el consumidor final que paga el precio al menudeo del producto. Como cada distribuidor es un contratista independiente, compra directamente, paga el precio de mayoreo y luego fija el precio de venta generalmente de acuerdo con el precio al menudeo sugerido por la compañía. Usted debe tener clientes de menudeo para su producto. Usted debe vender su producto para recibir la comisión por el movimiento del producto a través de las otras partes de su organización".

Las pirámides ilegales

Como han afirmado Kearney y Bandley, "Las organizaciones piramidales en las que los patrocinados pagan una gran suma de dinero por un puesto en la red, han sido declaradas ilegales". Es ilegal que una compañía pague una cuota por el reclutamiento.

Todas las compañías entrevistadas para este libro pertenecen a la Asociación de Venta Directa y realizan sus negocios de acuerdo con las prácticas de mercadeo legales

Los planes para volverse rico rápidamente

Si alguien te sugiere un plan para "volverte rica rápidamente" en el que no tengas que vender un producto como base del negocio, debes sospechar de la oferta.

Este no es un negocio que se haga de la noche a la mañana. Como cualquier negocio, para desarrollarse exige un tiempo, esfuerzo y aplicación constantes. No hay atajos, y constituir una red exige un considerable trabajo arduo y largas horas. Si te atraen a un programa y te ofrecen un estilo de vida de libertad y ocio junto a una piscina y esperando que los billetes caigan del cielo, piénsalo de nuevo.

Tienes libertad para decidir cuándo, dónde y cómo trabajas. La libertad para no trabajar resulta en que no hay actividad comercial y no hay dinero. Cuando hayas establecido exitosamente una amplia red, cosecharás los beneficios del tiempo invertido **en enseñar y entrenar a otras personas.** En ese momento ganarás comisiones por sus actividades. El cofre de oro será tuyo sólo **si les enseñas a otros a hacer lo que haces tú.**

Lista de compañias examinadas

Advanced Life Foods	Alimentos, cuidado del cabello y productos para el hogar.
Amway	Cuidado del hogar, cosméticos, aparatos domésticos, ropa, productos nutricionales.
Avon	Cosméticos, cuidado de la piel y regalos.
Dominant	Hogar, cuidado de la piel, cosméticos.
Emma Page	Joyería de fantasía.
Enciclopedia Británica	Publicaciones y libros educativos.

Herbalife	Productos nutricionales y naturistas.
Mary Kay	Cosméticos y cuidado de la piel.
Neo-life	Productos nutricionales, filtros de agua y aire.
Nutri-Metics	Cosméticos, cuidado de la piel y productos nutricionales.
Princess House	Cristalería y artículos de vidrio.
Pro-Ma Systems	Cosméticos, cuidado de la piel, lubricantes para motores y productos nutricionales.
Tupperware	Envases para alimentos y artículos de servicio
Yves Rocher	Cosméticos, perfumes y productos para el cuidado de la piel.

Puntos a considerar

Examina la compañía

- ✓ ¿Hay un buen equipo gerencial?
- ✓ ¿Hay un buen plan de compensaciones para las distribuidoras?
- ✓ ¿Hay folletos de ventas y literatura bien diseñados?
- ✓ ¿Tienen un sistema de envío eficiente?
- ✓ ¿Cuál es el periodo que va del recibo del pedido al envío? (Ya que esto afectará tus ventas.)
- ✓ ¿Cuál es el potencial de crecimiento de la compañía?

✓ Si vives en la misma ciudad, visita la oficina central o el centro de distribución.

Examina el producto

✓ ¿Son productos perecederos?
✓ ¿Con qué frecuencia podrías atender los nuevos pedidos del cliente?
✓ ¿Es competitivo el precio del producto?
✓ ¿Ofrecen los productos valor y calidad?
✓ ¿Hay una gama extensa de productos?
✓ ¿Para quién son atractivos los productos, hombres, mujeres, niños, o toda la familia?
✓ ¿Cuáles son los planes futuros de la compañía en relación con la investigación de productos?
✓ ¿Está garantizada la satisfacción del consumidor?
✓ ¿Qué competencia tienen los productos?

Los costos iniciales

❀ Asegúrate si vas a convertirte en distribuidora, de que no hay más exigencia de inventario que un paquete inicial a precio fijo.
❀ ¿Cuál es el costo del paquete inicial? Los paquetes de venta deben ser vendidos a la nueva distribuidora al precio real.

Examina los incentivos, recompensas y programas de entrenamiento

✓ ¿Qué incentivos o premios ofrece la compañía?
✓ ¿Proporciona la compañía un auto y su mantenimiento?

✓ Si es así, ¿a qué nivel se lo puede obtener?

✓ ¿Ofrece la compañía entrenamiento continuo?

✓ ¿Te paga la compañía para que asistas a convenciones o seminarios nacionales? Si no, ¿existen formas para ganar el viaje?

✓ ¿Hay un buen programa de entrenamiento y material a tu disposición?

Examina el plan de mercadeo

Asegúrate de que el foco de cualquier programa de mercadeo sea **promover las ventas minoristas** a los no participantes. Muchas compañías reconocen que las compras que hacen sus agentes para uso personal o familiar, en cantidades razonables, también son ventas al menudeo. Como ha dicho Bob Quinn en su artículo en *Personal Success* (*Éxito Personal*, julio de 1992): "Usted puede tener el mejor plan de mercadeo del ramo, pero sin productos que la gente necesita, compra y continúa pidiendo, será difícil alcanzar el éxito". **Las ventas al menudeo son la base de la venta directa.**

Cuanto más dinero quieras, más y más tiempo tienes que trabajar para crear una organización de ventas. También necesitas un plan estable a largo plazo ya que éste te proporcionará un ingreso constante. Por ejemplo, si quieres ganar 5 000 dólares por mes, necesitarías patrocinar personalmente a 100 personas que se mantengan activas en el negocio. Para lograr desarrollar este nivel requerirás invertir de 18 a 24 meses de trabajo. Ya sea que quieras construir tu negocio alrededor de la venta al menudeo de un producto o patrocinando a otras personas incorporándolas al negocio o con una combinación de ambos.

Examina la estructura de comisiones

En el negocio de la venta directa, si formas un equipo de ventas recibirás comisiones sobre las ventas netas mensuales de ese equipo.

✓ Las comisiones de ventas no deben pagarse por el sólo hecho de patrocinar a otras distribuidoras. La comisión debe pagarse como resultado de venderle el producto al consumidor. Esto asegura que no se presentarán pirámides ilegales.
✓ Investiga cuándo se pagan las comisiones.
✓ Asegúrate de que sean registros generados por computadora.
✓ ¿Son realistas las proyecciones de ingresos que te presenta la persona que te patrocina?
✓ ¿Quién le paga los bonos a tu equipo, tuo la compañía?
✓ ¿En qué momento pagas los productos adquiridos?
✓ ¿Cómo estructura la compañía sus pagos de bonos?

Examina la filosofía de la empresa

Asegúrate de que te sientas cómoda con la filosofía y las creencias de la compañía que selecciones. Elige un producto que te agrade vender. Por ejemplo, si te gusta la joyería probablemente elegirás Emma Page. Las mujeres interesadas en los cosméticos, la belleza, y en ayudar a otras mujeres a lucir mejor, se inclinarán hacia una buena compañía de productos de belleza. El interés en la salud y la nutrición te llevará a explorar una de las gamas de alimentos nutricionales.

No conduce a nada ir de una compañía a otra. Una

vez que hayas hecho tu investigación, toma una decisión y vuélvela un compromiso. He visto "adictas a la venta directa" que jamás tuvieron éxito, porque se mantenían cambiando de una compañía a otra, esperando que la situación fuera mejor en la otra compañía.

Lealtad

Estoy convencida de que la cantidad que ganas en la venta directa depende de tu compromiso personal, tu amor y pasión por la venta del producto, así como tu deseo de enseñar y compartir con otros la oportunidad. El dinero que ganas no depende nada más del hecho de que una compañía pueda ofrecer algún porcentaje mayor que otra. Cada triunfadora me dijo que su compañía tenía el mejor producto y el mejor plan de mercadeo.

Una oportunidad para las mujeres

Las compañías que distribuyen una gama más amplia de productos, como Amway y Dominant, así como compañías nutricionales como Neo-Life, Advanced Life Foods y Herbalife, tienen la misma proporción de hombres y mujeres en sus cuadros de trabajo. Las compañías de cosméticos en su mayoría están compuestas por mujeres en un 95 por ciento. La única excepción es Enciclopedia Británica, que está dominada por hombres en un 75 por ciento.

Sin embargo, a medida que las mujeres desarrollan sus negocios a un nivel superior, muchos compañeros o maridos se unen al negocio de sus esposas. Muchas directoras regionales de Nutri-Metics tienen a sus esposos como socios de tiempo completo. Pro-Ma también

30

estimula los equipos de marido y mujer. Esto es más fácil por la gama de productos para hombres que tiene la compañía.

El ramo de la venta directa **está creciendo a un ritmo de 20-25 por ciento anual.** Esto refleja una oportunidad siempre creciente para que las mujeres desarrollen carreras en un campo que recompensa y reconoce los logros sin discriminación.

Una oportunidad para mujeres inmigrantes

Por mi propia experiencia como inmigrante en Australia, estoy consciente de las dificultades que enfrenta la mayoría de las mujeres inmigrantes al cambiar de país. **A menudo, el idioma y la cultura es un obstáculo enorme.** Muchas mujeres talentosas y capacitadas se ven forzadas a desempeñar trabajos que no tienen nada que ver con su nivel profesional, y que además son mal remunerados, y en los que no pueden desarrollar sus aptitudes. **La venta directa les ofrece a estas personas una oportunidad igual.** Pueden crear redes y establecer negocios sin restricción. El ramo también ofrece un gran potencial de beneficios sociales, integración y desarrollo de habilidades de comunicación.

Elige una compañía

Una vez que has pasado por todos los criterios de selección, haz un compromiso. Si te detienes y comienzas en una cantidad de compañías diferentes, no sólo te confundirás sino que perderás credibilidad con las personas a las que te acerques. Si una semana estás vendiendo cosméticos y a la siguiente joyería o vitaminas, no puedes esperar que tus clientes te tomen en serio. Dedica tiempo a hacer un examen profundo. Una vez que hayas decidido a qué compañía ingresar, mantén tu decisión. **No te conviertas en una adicta a la venta directa.**

La cantidad de dinero que ganes no depende de que una compañía ofrezca inicialmente un mayor porcentaje de comisión que otra. Es su cuadro completo de trabajo el que contribuye a construir un negocio exitoso.

Capítulo 3

El negocio en la mesa de la cocina

Cómo planear tu negocio

Bajo desembolso de capital

El negocio de la venta directa atrae a muchas mujeres por el bajo costo inicial. Puedes comenzar tu actividad en este ramo con una inversión mínima. Con unos 50 a 200 dólares puedes comprar un paquete, unirte a una compañía como consultora y comenzar a vender, promover y reclutar un equipo.

La mayor inversión es **tu tiempo y tu esfuerzo**. Debes aprender a darles un valor a estas dos cualidades. En el ramo de la venta directa, en la mayoría de las compañías, puedes ganar y ahorrar dinero en estas cuatro áreas:

- Comisiones.
- Bonos por las ventas de tu equipo.
- Descuentos en los productos.
- Deducciones de impuestos.

El objetivo es combinar estas áreas y maximizar cada una. También puedes decidir incrementar el volumen de tus ventas o reclutar más personas a tu equipo o equilibrar ambas cosas.

Presupuesto

Para administrar eficazmente tu propio negocio, necesitas prever tus gastos, monitorear las compras y controlar tu flujo de efectivo. Ten presente que te podría tomar un año de actividad a tiempo completo antes de que

puedas depender de las ventas directas para mantenerte. La mayoría de las compañías aducen que ganarás el
doble de tu salario actual, en comisiones, antes de dedicar tu tiempo completo.

Gastos de operación de un negocio

- ✓ Franqueo
- ✓ Papelería
- ✓ Arrendamientos
- ✓ Teléfono
- ✓ Seguros
- ✓ Renta (parcial)
- ✓ Gasolina
- ✓ Fax (opcional)
- ✓ Copias
- ✓ Servicios de limpieza
- ✓ Viajes
- ✓ Gastos del automóvil

A menudo tienes que gastar dinero para ganar dinero. Para formar tu equipo podrías decidir viajar a otra
ciudad. La inversión será tuya, pero también lo será la
expansión del negocio.

Haz una lista de tus gastos mensuales previstos así
como de algunos pagos imprevistos. Si estás dependiendo
de tu ingreso para mantenerte totalmente, necesitas
también hacer un presupuesto de tus **gastos personales.**

Gastos personales

- ✓ Renta
- ✓ Regalos
- ✓ Comida
- ✓ Mantenimiento
  de la casa
- ✓ Ropa
- ✓ Vacaciones
- ✓ Diversión
- ✓ Electricidad
- ✓ Educación
- ✓ Gastos médicos
- ✓ Dinero para los
  gastos de tus hijos

Calcula cuánto necesitas ganar por mes, fija tus metas
y ajusta tu nivel de actividad para satisfacerlas. **Recuer-**

**da que en este negocio los únicos límites son los que
te pongas tu misma.** El tiempo y el esfuerzo que inviertas
son tu decisión. Cuanto más actividad productiva gene-
ras, más ganas. Tu ingreso está en tus propias manos.

Maneja una cuenta bancaria sólo para tu negocio

Abre una cuenta bancaria separada. No mantengas juntos el dinero personal y el del negocio en una sola cuenta. Posteriormente es más complicado justificar ciertos
gastos. Usa tu cuenta de negocios para los gastos que
son deducibles como legítimos gastos de negocios.

Beneficios fiscales

Si posees un negocio legítimo, podrás hacer deducciones por:

- ✓ Viajes de negocios
  (avión, hotel, taxis)
- ✓ Renta (oficina, bodega)
- ✓ Pagos del auto
- ✓ Teléfono
- ✓ Limpieza de la oficina
- ✓ Papelería
- ✓ Franqueo
- ✓ Pagos por renta de fax
- ✓ Copiadora (opcional)
- ✓ Reparaciones del auto
- ✓ Mobiliario de oficina
- ✓ Tenencia del auto
- ✓ Seguro del auto
- ✓ Seguro de vida
- ✓ Electricidad
- ✓ Libros, cintas y seminarios
  de entrenamiento
- ✓ Gasolina

Desarrolla tu propio perfil financiero

Una vez que puedas mantenerte a ti misma, podrás
crear el estilo de vida que tanto has deseado. Después

de haber ahorrado algunos recursos, puedes comenzar a ser creativa con tu propio capital.

Maneras de construir tu futuro financiero

- ❀ Un plan de ahorro-jubilación.
- ❀ Valores y acciones.
- ❀ Bonos del gobierno.
- ❀ Ahorros en efectivo a los que tienes acceso a diario.
- ❀ Depósitos a plazo fijo.
- ❀ Proponte ahorrar una buena cantidad que puedas poner en una cuenta a plazo fijo a alto interés. Podrás reinvertir los intereses o gastarlos en darte un gusto.
- ❀ Adquiere tu propia casa y paga tanto de la hipoteca como te sea posible.

Cómo hacerle frente a un programa de trabajo en casa

La sensación de aislamiento

El aislamiento puede ser un problema importante para muchas personas acostumbradas a trabajar en una oficina, comercio minorista o fábrica. Ha desaparecido el cordial ambiente de trabajo y el hecho de tener compañeros a tu alrededor. También ha desaparecido el jefe al que podías recurrir en busca de consejo y ayuda.

Cuando te dedicas tiempo completo a las ventas directas estás de alguna manera sola, excepto el tiempo que dedicas a atender a los clientes, al ir a sesiones de entrenamiento o al ofrecer reuniones y demostraciones.

Maneras de vencer el aislamiento

La necesidad del contacto social se intensifica cuando trabajas sola en tu casa. Crea un equilibrio para ti, cada semana, entre el tiempo que pasas sola en tu escritorio y el tiempo que empleas creando redes, reclutando y viendo clientes.

Reserva tiempo para conversar con los clientes y clientes potenciales por teléfono y para hacerles visitas personales para atenderlos. Utiliza la hora de la comida para ir al correo y al banco. Breves charlas con tus amigos te mantendrán en armonía.

Mantén contacto con las organizaciones del ramo y profesionales. Los grupos de mujeres ejecutivas son excelentes para formar redes. Aparta tiempo para ir a conferencias, reuniones, seminarios, conferencias, talleres y otros encuentros informativos. En estas reuniones puedes mejorar tus habilidades empresariales, sentirte estimulada y hacer muchos contactos y sobre todo, conocer a clientes potenciales.

Desventajas de trabajar desde el hogar

Dirigir un negocio desde el hogar puede ser exitoso, satisfactorio y divertido. Elimina el traslado a una oficina y tiene muchas ventajas por la flexibilidad del horario. Sin embargo, estas ventajas se pueden convertir en desventajas. Estos son algunos de los problemas:

❀ Interrupciones por llamadas telefónicas o de los vecinos.

❀ Atender a la familia y a los amigos
  en función de tus horas de trabajo.
❀ Aplazamiento.
❀ Hacerle frente a las tareas domésticas.
❀ Ser capaz de proporcionarte horas de descanso.
❀ Aprender a empezar por ti misma,
  y no esperar a que un jefe te diga qué hacer.
❀ Sentirte aislada.

Cómo enfrentar las interrupciones

El teléfono es el corazón de tu negocio. Pero también te puede crear muchas interrupciones y hacer que pierdas una gran cantidad de tu valioso tiempo. Cuando tus amigos te llaman para charlar durante el tiempo que has destinado al trabajo, sé firme y diles que los llamarás después. Un teléfono privado puede resultar muy útil. Tan pronto como puedas pagarla, ten una línea telefónica dedicada sólo para tu negocio.

Administrar tu tiempo es vital si quieres combinar los beneficios de trabajar en casa con tus otras actividades. He tratado esto detalladamente en el capítulo sobre administración del tiempo.

Apoyo de la familia

Tu familia tiene que acostumbrarse a que desempeñes tu trabajo en la casa. También tendrán que adaptarse a que dejarás de ser ama de casa de tiempo completo. En el capítulo sobre "El malabarismo de los papeles" lo explico más ampliamente. Fija tu tiempo de trabajo y el tiempo para estar con tu familia. Crea tu propia estructura.

Felicidad hogareña

Tienes que encontrar maneras de administrar mejor el hogar.

Cuando inicias un negocio en casa debes empezar por reconocer que la **super mujer** no existe. En los primeros días de haber establecido tu negocio en casa te vuelves más consciente de todas las imperfecciones. Polvo, armarios desordenados, ropa sin planchar, y todo parecerá requerir atención inmediata. **Recuerda que las tareas domésticas no desarrollarán tu negocio.** Descubre formas de hacer que tu hogar funcione de manera más eficiente.

- Reduce las compras a una vez a la semana.
- Tolera una casa imperfecta, el perfeccionismo consume mucho tiempo.
- Organiza a la familia para que te ayude en las tareas.
- Adquiere aparatos domésticos que te ahorren tiempo.
- Consigue un servicio de limpieza.

Exhibición de productos

En el área de la casa que será tu oficina, crea una exhibición de los productos con los que trabajas. Mantén cerca materiales de venta, algunos folletos promocionales y catálogos de productos. Esto tendrá un efecto positivo en tus actividades diarias y fortalecerá tu compromiso con la línea del producto.

Cómo establecer tu negocio en tu casa

Todo negocio necesita una oficina, ya sea un escritorio en el rincón del cuarto familiar o de la cocina o un estudio separado. Es importante que cuentes con un escritorio que no tengas que desocupar. Necesitas poder organizarte sin tener que moverte. Es muy frustrante y agotador tener que reordenar constantemente tu oficina. Psicológicamente necesitas un espacio, por pequeño que sea, dedicado totalmente para tus actividades comerciales.

La disposición de tu oficina es fundamental para tu comodidad y eficiencia. Dedica un poco tiempo a planear la colocación de tu equipo y mobiliario. Un almacenaje eficiente es una característica esencial en una oficina casera bien organizada.

Mobiliario de oficina

No hay necesidad de comprar muebles nuevos y caros cuando inicias tu negocio en casa. Es fácil adquirir escritorios y sillas de segunda mano. Toma en cuenta la luz natural, almacenaje, conexiones telefónicas y tomas de corriente eléctrica. Una vez que hayas tomado nota de los aspectos prácticos de montar una oficina comprando un escritorio, una silla y unos estantes, crea un ambiente en el que te sientas segura, feliz y tranquila. Rodéate de pinturas, carteles, plantas o adornos que te hagan sentir cómoda. Crea tu propio estilo.

Asegúrate de que todos los objetos prácticos están a tu alcance de modo que no tengas que estar levantándote y moviéndote constantemente mientras trabajas.

Elementos básicos de tu oficina

- ❀ Equipo
- ❀ Teléfono.
- ❀ Contestadora telefónica.

❀ Fax - difícil no contar con él.

❀ Computadora personal - opcional.

❀ Grabadora/radio - un fondo de música tenue facilita la concentración.

❀ Charolas de escritorio - entrada y salida.

❀ Archivo alfabético para la correspondencia.

❀ Caja con un sistema de tarjetas de clientes con índice.

Mobiliario

❀ Escritorio - grande y espacioso, con cajones.

❀ Silla de escritorio, cómoda.

❀ Calefactor - opcional.

❀ Buena luz - lámpara de escritorio.

❀ Estantes para libros - llenos de libros de técnicas motivacionales, manual de la compañía, libros de consulta, etcétera.

Artículos personales

❀ Tarjetero comercial.

❀ Tablero - invitaciones, eventos, fotografías y postales de tus lugares favoritos.

❀ Jarro - tu propio jarro especial.

❀ Portalápices - lápices, plumas, regla.

❀ Cesto de papeles.

❀ Corrector, engrapadora, tijeras, cinta de pegar, clip, plumón, directorio, calculadora.

❀ Fotografías de la familia y de los amigos.

Papelería

❀ Agenda - grande, una página por día, para citas de

fiestas, pedidos de clientes, metas, eventos, conferencias.

❀ Libro de depósitos para cuentas comerciales.

❀ Tarjetas comerciales.

❀ Papeletas de cortesía.

❀ Sobres.

❀ Papel de copia.

❀ Etiquetas autoadhesivas con tu nombre, dirección y teléfono.

Computadoras

Actualmente, las computadoras personales desempeñan un papel importante en los negocios. Su adecuada utilización puede hacer que tu oficina casera sea más eficiente y más fácil de administrar. No es esencial hasta que tu negocio no haya alcanzado un tamaño considerable.

Hay muchas marcas diferentes de computadoras personales, pero básicamente se las puede dividir en dos grupos, la familia compatible con IBM y la familia Apple-Macintosh. Para la mayoría de los negocios caseros, una PC compatible con IBM será la más económica, tanto en términos de *hardware* (la computadora en sí, teclado, monitor, mouse, etc.) como de *software* (los programas que hacen que la computadora opera como procesador de palabras y base de datos para cuentas, etc.).

Es claro que la compra de tu equipo es sólo el primer paso. Te convendrá inscribirte en un curso que te enseñará cómo aprovechar al máximo el equipo que estás comprando. A menudo los cursos son dictados por la compañía de computadoras, o quizá prefieras seguir uno de los muchos cursos impartidos por escuelas cercanas a tu comunidad.

Fotocopiadora

Una fotocopiadora es un instrumento de oficina muy útil. Antes de salir corriendo a comprar una, fíjate si puedes usar la de la biblioteca local o de una papelería donde se paga por copia. Si necesitas tu propia copiadora, vale la pena buscar modelos reacondicionados que a menudo vienen con una garantía y un contrato de servicio. Recuerda que una fotocopiadora significa más costos adicionales que el simple precio de venta. Necesitas comprar *toner* y papel y probablemente necesitarás un contrato de servicio que te cuesta una cierta cantidad por cada copia hecha.

Facsímil (Fax)

Dependiendo de tu negocio, un fax puede ser una gran ventaja. Descubrirás que muy pronto se amortiza por el trabajo adicional que genera y el dinero y el tiempo que ahorra en correo y mensajería. Necesitas evaluar tus necesidades. Si tienes alguna duda, usa los servicios de un fax público durante un tiempo para ver si el volumen de éstos justifica que compres tu propia máquina.

Mi máquina de fax es mi mejor amiga. Hace más de cinco años que la tengo y ha sido el mejor activo comercial que jamás he adquirido. El fax ahorra tiempo y costo. Es mucho más eficiente que una llamada telefónica.

Te permite comunicar información precisa a la persona adecuada en cualquier momento del día o de la noche. Las llamadas telefónicas generalmente llevan más tiempo y la mayoría de las personas quieren de todos modos la confirmación escrita de una llamada. En este negocio el fax puede ser un excelente vínculo con la oficina central y con otras distribuidoras, especialmente si tu equipo de trabajo opera en el interior o exterior del país.

Teléfonos

El teléfono es un instrumento vital para el negocio de la venta directa. Primero asegúrate de que tus clientes puedan encontrar tu número telefónico en el directorio. Si puedes hacer el gasto, es mejor tener una línea comercial por separado y listada en los suscriptores privados y en los directorios telefónicos comerciales (sección amarilla).

A todos los clientes les crea una mala impresión un teléfono comercial que no contesta. Tampoco es buena idea permitir que tus hijos pequeños contesten el teléfono ya que esto da la impresión, en el mejor de los casos, de un negocio de medio tiempo que no está administrado profesionalmente. Por el contrario, los niños mayores pueden ser una ventaja si se les enseña a contestar el teléfono correctamente.

Máquinas contestadoras

Necesitarás invertir en una contestadora telefónica confiable para atender las llamadas cuando no estés físicamente ahí para contestar el teléfono. También habrá momentos en que no desees ser interrumpida, por ejemplo, durante una reunión con un cliente.

Teléfono celular

Otra manera de recibir llamadas —aunque más costosa— cuando no estás físicamente en la oficina es invertir en un teléfono celular. Esto es ideal si pasas mucho tiempo fuera de la oficina. En el directorio telefónico puedes listar el número de tu oficina y el de tu celular. Tu contestadora puede remitir a los que llaman al número de tu celular.

Organiza tus expedientes

Cuando se trabaja en la casa hay una mayor necesidad de mantener registros separados y eficientes de cada actividad y transacción. Lleva un libro de recibos, un libro de efectivo y libro de depósitos con detalles completos de cada depósito. Lleva una lista actualizada de los gastos mensuales del negocio. Si lo haces mensualmente, esto impide que se acumule el papeleo. Yo tengo un sobre para recibos sueltos, listas de efectivo y boletas de tarjetas de crédito. Cada mes pego el sobre, escribo el nombre del mes y lo guardo para mi declaración de impuestos.

Archivo de acreedores

Lleva un archivo de acreedores y archiva alfabéticamente todas las cuentas, facturas y estados de cuenta. Una vez al mes, revisa tus gastos y elabora los cheques. Esto facilitará el control de tu flujo de efectivo.

Seguro

Busca un agente de seguros confiable. Investiga qué pólizas necesitas para cubrir tu equipo: copiadora, fax, contestadora, computadora y escritorios. También vale la pena tener seguro de incapacidad en caso de enfermedad. Actualmente, para las mujeres hay pólizas que cubren muchos problemas de salud. Examina tus necesidades personales y elige una cobertura adecuada.

Capítulo 4

El secreto de la autoestima

El secreto de la autoestima

Mi canción favorita es "El amor más grande de todos", de Whitney Houston, que versa sobre amarnos a nosotros mismos. El amor a sí mismo es la base de una personalidad sana. Muchos de nosotros estamos plagados de pensamientos negativos sobre nosotros mismos. Somos nuestros peores enemigos. Necesitamos aprender cómo convertirnos en nuestro **mejor amigo.** Si nos tratáramos con tanta preocupación, generosidad y tolerancia como lo haríamos con un amigo especial, experimentaríamos el amor a nosotros mismos.

Como dice Mary Kay: "Las mujeres necesitan invertir la Regla de Oro sobre sí mismas. Hazte a ti misma lo que harías a los demás. **Sé gentil contigo misma**".

Es nuestro derecho básico ser felices y crear una vida valiosa para nosotras mismas. Tenemos derecho a sentir y necesitamos respetar nuestros propios pensamientos. Necesitamos valorar nuestros cuerpos, nuestro tiempo y las cualidades especiales que no hacen únicos. Los comportamientos adictivos y destructivos, como el abuso de las drogas, el alcoholismo y la obesidad, tienen sus raíces en una básica falta de autoestima.

Proporciónate el mismo trato que le darías

a un amigo especial

- ❀ Confía en tus propios sentimientos.
- ❀ Valórate a ti misma y valora tu tiempo.
- ❀ Trátate con comprensión, cuidado y respeto.
- ❀ Cree en tus propias cualidades especiales.
- ❀ Valora tu cuerpo.
- ❀ No te subestimes.

48

❀ Jamás digas "No tengo remedio",
  "Lo siento", o "No soy buena para...".
❀ Usa "Yo" para pedir lo que quieres y necesitas.

Confianza

La manifestación exterior de la autoestima es la confianza en uno mismo. ¿Quién es esta mujer segura? ¿Nació con los bolsos llenos de confianza? ¿Simplemente es afortunada? ¿Puedes construir tu confianza? ¿Cómo haces para conseguirla si no la tienes?

Después de hablar para miles de mujeres en toda Australia, experimenté una cantidad de reacciones similares. Muchas se me acercaban después de mi presentación y me decían: "Es fácil para ti. Estás llena de confianza". Yo confesaba que la verdad era precisamente lo contrario. Cuando inicié mi negocio tenía 24 años y era madre de dos hijos pequeños. Era tímida, reservada e insegura de mi identidad, mi feminidad o mi propio potencial. Me enfrentaba al rechazo y a contrariedades. Volvía y lo intentaba una y otra vez. Finalmente alcancé un cierto éxito. Estos pequeños peldaños exitosos comenzaron a construir una escalera de confianza. Con cada paso que daba hacia adelante algo dentro de mí comenzaba a cristalizar: la cualidad mágica de la confianza en mí misma.

Cómo se comporta una mujer segura

❀ Se ama a sí misma.
❀ Sabe lo que quiere.
❀ Se comprende.
❀ Piensa positivamente.

❀ Se siente poderosa y femenina.

❀ No se dedica a ser perfecta.

❀ Es vivaz y tiene energía.

❀ Es tranquila, relajada y calmada.

❀ Resuelve los problemas creativamente.

❀ Nos sentimos seguros con ella porque sabemos dónde estamos parados —ella no envía ningún doble mensaje.

❀ Las mujeres seguras se adaptan continuamente y cambian de acuerdo con situaciones nuevas y diferentes. Son flexibles y no son tercas.

Cuáles son tus valores

Una de las mayores señales de falta de confianza es una persistente dificultad para tomar decisiones. A veces la dificultad se revela como ansiedad, aplazamiento y sentimiento de inseguridad.

Para sentirnos fuertes necesitamos tener nuestro propio y personal conjunto de valores que guíen nuestras vidas. Estos forman el marco básico de nuestras vidas. Pueden originarse en una religión o formar parte de una herencia cultural. Cuando las personas se embarcan en un curso de desarrollo personal toman conciencia de lo confusa que es su propia filosofía de la vida. A menudo sus valores se oponen entre sí.

Si queremos sentirnos verdaderamente seguras **necesitamos definir cuáles son realmente nuestros valores.** Necesitamos romper el hábito de tratar de agradar a todos todo el tiempo. Una vez que tengamos nuestras prioridades y nuestros valores en su lugar, actuarán como una guía para nuestra toma de decisiones.

La comprensión de tu historia

Gran parte de nuestra falta de confianza puede rastrearse hasta nuestra niñez y otras importantes experiencias formativas. Mis padres me llevaron a creer que yo era especial, amada y capaz de hacer cualquier cosa. Esta creencia básica ha sido muy valiosa. Me enseñaron a creer en mí misma. Esto me dio la capacidad de aceptar nuevos desafíos y de confiar en que podía alcanzar mis metas.

Si miramos hacia atrás y **entendemos las influencias de nuestra niñez,** podemos obtener conciencia y percepción. No tiene caso culpar a nuestro padres, a nuestros errores pasados y a otras personas por el lugar donde estamos ahora. Pero podemos comprender estos hechos e influencias y utilizar el conocimiento como trampolín hacia una saludable autoestima.

Analízate a ti misma

Muchas mujeres se subestiman. Haz una lista de tus cualidades aplicando los siguientes lineamientos:

- ❀ ¿Qué talentos tienes?
- ❀ ¿Qué habilidades tienes?
- ❀ ¿Qué experiencia has tenido?
- ❀ ¿Cuáles son tus puntos fuertes como persona?

Responsabilízate por ti misma

"Si va a suceder, depende de mí".

Eres la única persona que puede cambiar tu comportamiento. Nadie puede hacerte feliz. Necesitas aceptar la responsabilidad por tus propias circunstancias. A menudo decimos, "Si fuera más inteligente/rica/hermosa... si estuviera casada con otro...".

Las personas sumamente exitosas reconocen su responsabilidad. No culpan a las circunstancias, a las condiciones, a otras personas, a sus padres o a su pasado, por su comportamiento. **Lo que cuenta no es lo nos sucede sino cómo manejamos lo que nos sucede.** Nos inspiran las personas que mantienen una magnífica fuerza emocional frente a los problemas. Debemos aprender a actuar frente a los problemas, en lugar de que estos actúen sobre nosotros. Enfoca tu energía sobre áreas que puedes cambiar.

El camino hacia la confianza está abierto a todos nosotros para que lo recorramos, adoptemos y disfrutemos. **Repítete a ti misma todos los días que eres:**

Especial y maravillosa
Amada y digna de ser amada

La pasión por París

Hace diez años hice mi primer viaje internacional de negocios. Mi motivación para hacerlo era diversificar mi gama de productos y expandir mi negocio. **Tuve una gran motivo ulterior que me incentivó para actuar.** Mi sueño era pasar mi trigésimo cumpleaños bebiendo champaña con mi mejor amiga, que era periodista en Nueva York.

Una vez que tuve una razón para ir, el viaje cobró vida propia. Mi primer contacto con una feria internacional del juguete fue en Nuremburg, Alemania. Es la feria anual del juguete más grande del mundo. Había más de veinte salas llenas con 6 000 expositores y 80 000 delegados de todos los rincones del planeta. Me sentí estimulada, fascinada y regocijada porque un pequeño negocio casero en mi garage pudo llevarme a una feria internacional del juguete de esa naturaleza.

Estaba completamente deslumbrada, aturdida y confundida por el enorme despliegue de productos que veía. Me encontré con dos compradores de mi país. Me sugirieron que me uniera a ellos en un fin de semana en París, lo que en ese momento parecía una idea descabellada.

No había modo de que pudiera irme de la feria después de un día y desaparecer rumbo a París. Me llevaría por lo menos una semana examinar completamente todos los aparadores de mercadería de Nuremburg.

Pero unas horas después, comencé a fantasear sobre este fin de semana en París. Siempre había querido ir a París y pronto la visión fue abrumadoramente atractiva.

Llegué a París a la medianoche vestida con un pantalón de mezclilla, un saco de piel y llevando poco más que el cepillo de dientes. Le di al taxista el nombre del hotel que me habían dado mis amigos. Me encontré en un hotel extraordinario y elegante ubicado en Champs Elysées. Estaba fuera de mi alcance. En esa época, mi esposo era estudiante de quinto año de medicina y vivíamos con un presupuesto muy recortado.

Cuando llegué vi a mis amigos parados junto a la recepción. Cuando me vieron se les iluminó la cara y anunciaron que me esperarían para ir al Moulin Rouge. A esas alturas no había manera de echarme atrás. Como dije, **"Tienes que fingir hasta que triunfes realmente".**

Con mi voz más serena y sofisticada pedí una habitación para el fin de semana. Mi cuarto parecía una versión del de María Antonieta y estaba decorado en consonancia. El fin de semana me costó más de 1000 dólares. Pasé el mejor fin de semana de mi vida. Me llevó más de seis meses pagar la tarjeta de crédito y, además, no le conté a mi marido lo que había hecho hasta siete años después.

Sin embargo, decidí que ese fin de semana sería la mejor inversión para mi espíritu. Esa experiencia me hizo comprender que no iba a llegar ningún caballero en resplandeciente armadura para regalarme un maravilloso y glamoroso fin de semana en París. **"Si iba a suceder, dependería de mí"**.

Fue entonces que tomé la resolución de expandir la propia visión que tenía de mi negocio. No sólo quería un negocio con base local. Quería un negocio internacional. Quería importar de diferentes países. Quería exportar y quería desarrollar mi negocio a nivel internacional. Este fue un ejemplo maravilloso de cómo una experiencia me motivó para expandir, cambiar y desarrollar aún más el negocio.

A partir de entonces mi negocio se convirtió en vehículo de muchos viajes internacionales maravillosos, en los que conocí personas interesantes y entusiastas que compartían las mismas ideas y metas. Cada vez que los días parecen particularmente rutinarios, tediosos o tensos, evoco ese maravilloso y cálido recuerdo de mi fin de semana en París que llevo en el fondo de mi mente, para saborearlo y disfrutarlo una y otra vez.

Todos tenemos opciones y elecciones en nuestras vidas si estamos preparados para explorarlas. Muchos de nosotros estamos atrapados en una situación rutinaria o sin salida porque no nos permitimos aprovechar nuevas oportunidades. Si sigues haciendo lo que estás haciendo ahora, el próximo año estarás en el mismo lugar. **En tu vida nada puede cambiar a menos que cambies tus propias respuestas y comportamiento.**

Lo que quieren realmente las mujeres

Recientemente asistí a una conferencia de una consultora de mercadotecnia norteamericana, titulada "¿Qué quieren realmente las mujeres?". La conferencia dijo que **las mujeres son blancos móviles,** un día ejecutiva, el siguiente, un ama de casa y madre tradicional. En un día una mujer es una combinación de muchos roles. Le pregunté a mi hija de 15 años, Nikki, "¿Qué quieren realmente las mujeres?". Dijo: Es simple, Mamá. Las mujeres quieren ser hermosas. Quieren un cuerpo magnífico, llevar un buen perfume y que los hombres las amen y las adoren". A mi me llevó 15 años, abriendo brecha como empresaria descubrirlo y ella me lo dijo en pocas palabras.

Creo que las mujeres quieren todo eso, pero también quieren otra dimensión para sus vidas. **Quieren autorrealizarse** por medio del trabajo, una profesión o un negocio en el que puedan expresar sus talentos, expandirse y encontrar satisfacción e independencia económica.

Respeta tus sentimientos

Los sentimientos mienten rara vez. Los sentimientos son el barómetro de lo que nos está pasando. Escucha las sensaciones del cuerpo que te dicen qué emociones estás experimentando. **Aprende a descifrar tus sentimientos.** Las tensiones en tu cuerpo, un estómago nervioso o las migrañas son señales de que hay algo no armonioso en tu vida. Descubre una manera apropiada de expresar tus sentimientos. Las emociones reprimidas agotan tu energía y son un factor fundamental que contribuye a una menor autoestima, falta de confianza y depresión. Examina la causa y las razones de tus sentimientos y trata de vértelas con la raíz de ellos.

Modifica tu estilo de vida

Examina tu estilo de vida y trata de descubrir si:
- ✓ Estás viviendo de acuerdo con tus valores.
- ✓ Tienes el equilibrio correcto entre trabajo y diversión.
- ✓ Tienes el tipo de relaciones que quieres.
- ✓ Estás contenta con tu trabajo o carrera.

Las mujeres también quieren en su vida un equilibrio entre sus relaciones, trabajo, familia, hogar y sus propias necesidades. **Esencialmente, a las mujeres les gusta trabajar sobre una base de armonía interior e integridad espiritual.** Muchas mujeres al desempeñar sus trabajo se sienten tironeadas, fragmentadas y dispersas.

Como dijo Susan Faludi en su nuevo libro "Reacción violenta": "Las mujeres pueden ser libres e iguales pero jamás han sido más desdichadas". El estatus de las mujeres jamás ha sido más elevado pero su estado emocional jamás ha sido más bajo. El mito feminista de la independencia ha convertido a esta generación de mujeres en personas no amadas e infelices. Las mujeres quieren amar y ser amadas. Pero no quieren abandonar su carrera e independencia económica para lograrlo.

La venta directa les da a las mujeres una oportunidad de hacer ambas cosas.

¿Qué es la felicidad?

Podemos suponer que la felicidad, para la mayoría de las mujeres, sería TENERLO TODO: esposo, hogar, hijos, carrera y tiempo para sí mismas. Sin embargo, las mujeres no quieren vivir en un tiovivo frenético. La mayoría de las mujeres no están conformes en dejar a los hijos pequeños de ocho a diez horas diarias al cuidado de otra persona. Sabemos que podemos tenerlo todo pero no todo al mismo tiempo.

Transforma el éxito en un hábito

No todos hemos nacido con una alta capacidad de ser exitosos pero podemos aprender a lograrlo, haciéndolo cada vez mejor. El éxito depende de una combinación de actitudes correctas, motivación, comportamiento efectivo, algo de fantasía y teniendo confianza en nuestros actos.

Cuando has alcanzado el éxito

Disfruta el viaje. En cierta medida actualmente puedo pensar en mí misma como un éxito, porque he alcanzado muchas de mis metas anheladas. Sin embargo, **jamás hay una meta final.** Nunca se llega ahí. Eso es lo divertido. Siempre hay una nueva meta que alcanzar lo mismo que nuevos desafíos. **El éxito es un proceso,** un modo de vida.

Ingredientes del éxito

✓ **Motivación. Tienes que querer hacerlo.** Puede ser por medio del deseo de tener más dinero, libertad, estatus, un estilo de vida flexible o independencia.

Para triunfar tienes que querer ser realmente una triunfadora. Todas las técnicas e ingredientes correctos no te llevarán a la línea del triunfo si no cuentas con una necesidad interior de realizarte. Como dijo Pablo Picasso: **"La seducción fundamental es tu trabajo en la vida".** Para todos aquellos que triunfaron, por difícil que fuera el camino, no haberlo hecho hubiera sido más difícil.

✓**Autoestima.** Ámate a ti misma, disfruta tu propia compañía. Dale valor a tu tiempo, esfuerzo y energía.

✓ **Confianza en ti misma.** Cree en ti misma, confía en ti misma. "Finge hasta que lo hagas realidad", actúa con seguridad hasta que la sientas dentro de ti.

✓ **Cree en ti misma.** Cree que mereces el éxito. Cree que tienes los talentos y habilidades para lograrlo.

✓ **Integridad.** Esto asegura que estarás en el negocio durante mucho tiempo. Realiza negocios con la idea de desarrollar relaciones honestas y permanentes con los clientes. En tus tratos, busca oportunidades de ganar-ganar.

✓ **Visión.** Necesitas tener un sueño que te impulse. **Una meta es un sueño en acción.** Visualiza tus metas y esto actuará como una poderosa motivación. **No te puedes perder si sabes hacia dónde vas.**

✓ **Toma la iniciativa.** En tu negocio no pasará nada a menos que hagas que pase. Aprende a ser capitán de tu barco, y dueña de tu destino.

✓ **Planeación y preparación.** Asegúrate de planear y adquirir el conocimiento, habilidades y ayuda que necesitas.

✓ **Compromiso.** Cuando te comprometes con un proyecto, empiezan a darse las cosas. Aférrate a una idea hasta el final.

✓ **Decisión y trabajo intenso.** Debes hacer todo lo que sea necesario hacer para alcanzar el éxito.

✓ **Persistencia.** Ten resistencia. Nunca aceptes un **no** como respuesta. Mantente firme. Como dijo Churchill, **"Jamás, jamás, jamás rendirse"**.

✓ **Recursos.** Necesitas encontrar maneras creativas de resolver problemas. **Haz más con menos.** Sé austera con tus recursos económicos. En todo negocio se deben de resolver problemas. Necesitas tener sentido común para resolver los problemas con un mínimo de tiempo, energía y gasto. Necesitas ser flexible en tus enfoques, porque si te obsesionas con una idea, ésta podría bloquearte la capacidad para ver otra solución.

✓ **Creatividad.** Las mujeres son especialmente creativas. Piensa con originalidad para encontrar soluciones innovadoras. Piensa que siempre hay otras formas alternativas de hacer las cosas.

✓ **Disciplina.** No se produce un negocio de éxito sin un esfuerzo persistente. Necesitamos invertir tiempo, esfuerzo y recursos con constancia.

✓ **Sigue aprendiendo.** Necesitas mantenerte leyendo, aprendiendo nuevas habilidades y encontrando mejores maneras de desarrollar tu negocio. Permanece abierta, alerta y receptiva.

✓ **Conocimiento.** Para triunfar necesitas tener **conocimiento del producto.** Necesitas **entender a la gente** y necesitas saber qué está pasando en tu negocio.

✓ **Capacidad para dirigir, delegar y motivar a los demás.**

✓ **Capacidad para tomar riesgos.** No se trata de ser una jugadora, pero necesitas tomar riesgos para desarrollar tu negocio. Necesitas espíritu de aventura y necesitas hacerte responsable de tus acciones si las cosas no resultan.

✓ **Entusiasmo.** Con esta cualidad puedes atraer a las personas hacia ti. Es una cualidad muy contagiosa. Atrae como un imán.

✓ **Ama lo que haces y el dinero llegará.** Creo que el dinero en sí no significa éxito. Elige un trabajo que ames y productos que disfrutes y el dinero llegará.

✓ **Energía.** Para alcanzar grandes metas, **necesitas energía.** La energía es un derivado de tu amor al trabajo, de tener entusiasmo y del deseo de realizarte.

✓ **Recupérate.** Necesitas reanimarte y volver a empezar. A veces los golpes vienen en todas direcciones. Tienes que ser capaz de resolverlos y recuperarte.

✓ **Suerte.** Tú constituyes tu propia suerte. Por medio de la acción, el esfuerzo y el deseo de hacer algo, esto te vuelve afortunada.

✓ **Sentido del humor.** Capacidad para reírte de todo, hasta de ti misma, capacidad de divertirte.

El espíritu competitivo

"La competencia puede ser una motivación muy fuerte. He aprendido que se vuelve más poderosa cuando compites contigo misma y cuando aprendes de tus fracasos", dice Mary Kay.

A medida que avanzaba en mi propia carrera, mi espíritu competitivo me estimuló y ayudó a atravesar algunas épocas muy difíciles. Con cada nuevo desafío me concentré en competir conmigo misma. Cada mes calculaba mis ventas y siempre quería que mis ganancias fueran más altas que las del mes anterior. Cualquier cosa que se necesitara para aumentar las ventas, estaba preparada y dispuesta a hacerla. **La belleza de la venta directa es la oportunidad que le da a cada mujer de competir consigo misma.** Para mejorar lo bueno de ti y convertirte en una mujer tan exitosa como quieras.

Creo que puedes tener todo lo que quieras en tanto estés preparada a pagar el precio. Competir y esforzarte para sobresalir también puede ser muy divertido.

Maneras de realzar tu autoestima

* ❀ Toma plena responsabilidad por tu vida. No te quedes solo en el papel de mártir.
* ❀ Deja de culpar a los demás. No te veas como víctima.
* ❀ Genera conscientemente pensamientos y sentimientos positivos.
* ❀ Únete a personas que te hagan sentir bien contigo misma.
* ❀ Lleva a cabo las actividades que te gustan.
* ❀ Deja de criticarte con dureza, trata de ser comprensiva contigo.
* ❀ Trátate como si fueras una amiga especial.
* ❀ No trates de cambiar a los demás. Cambia tu propio comportamiento.
* ❀ Vive en el presente. No desperdicies tiempo lamentando el pasado. Avanza.
* ❀ Deja de sentirte culpable. Es un sentimiento negativo.
* ❀ Aprende de tus errores. No los lamentes.
* ❀ Lleva un diario de tus logros, sean éstos grandes o pequeños.
* ❀ Invierte dinero en tu propio desarrollo. Ponte en contacto con conferencistas positivos, también hay

a tu alcance libros y cintas que te dan motivación. Sigue aprendiendo.

❀ Programa tiempo para ti misma.

❀ No te compares con los demás. Compite contigo misma.

❀ Proporciónate algo que siempre hayas deseado.

❀ Expresa tus sentimientos, y respeta el sentimiento de los demás.

❀ Vive con sentido de la integridad. Sé fiel a ti misma.

❀ **Ten disposición a reírte de ti misma**, de la vida y con los demás. Reír sigue siendo la mejor medicina. Desarrolla el sentido del humor, diviértete con lo que haces. **No te tomes demasiado en serio.**

❀ Vive cada día PLENAMENTE, como si fuera el último.

Capítulo 5

La construcción de sueños

Fijar metas para el éxito

¿Por qué fijar metas?

Técnicas para fijar metas

Cubre todas las áreas de tu vida

Cómo hacer uso de la visualización creativa

El poder del propósito

Fijar metas para el éxito

Fijarse metas es satisfactorio y divertido, además siempre se logran resultados. **Una meta es un sueño en acción.** Es un proceso simple y fácil que puedes practicar a cualquier nivel de tu vida. Influye en tu ser, hacer y tener opciones en la vida. Las opciones de la vida incluyen ser feliz, sana, amorosa, próspera, fuerte, creativa y exitosa.

En la escuela nadie nos enseñó a planear nuestras vidas. Nadie sugirió que debíamos anotar nuestras propias metas futuras. Una vez que hemos escrito algo, el subconsciente generalmente calcula las maneras de conseguir que las cosas se hagan. Ten grandes sueños y escríbelos. Como dijo Picasso: **"El primer paso es tener el sueño".**

La mayoría de las personas se pasa más tiempo planeando sus vacaciones que planeando sus vidas. Una vez que hayas experimentado los beneficios de fijar metas, lo harás regularmente. Cada meta es una oportunidad para desarrollar opciones y tomar tus propias decisiones en lugar de aceptar para tu vida un libreto que ha sido preplaneado para ti. Todos evolucionamos como resultado de nuestras experiencias infantiles, nuestra educación o circunstancias económicas así como de las influencias de dónde y cuándo vivimos. Quizá no estamos conscientes de que existen otras opciones. Aceptamos sin cuestionar gran parte de lo que nos dicen nuestros padres y maestros. Podríamos estar condicionados a querer dinero, amor, salud, éxito y felicidad, pero nadie nos dice cómo planear nuestras vidas para poder obtenerlo.

El fijarte metas te permite establecer prioridades y evita que pierdas tiempo haciendo cosas que son irrelevantes.

¿Por qué fijar metas?

Puedes llevar tu vida como una medusa en el océano, arrastrada por mareas y olas, o puedes tomar el control. Puedes aprender a nadar. Elige a dónde vas y cómo vas. Yo crecí con una filosofía fatalista. Era como si no tuviera poder para influir en los hechos de la vida. Simplemente pensaba que, algunas personas son afortunadas y otras no. Cuando tenía 24 años, con una hija de seis semanas y un infante de 18 meses, mi marido decidió cumplir su meta de estudiar para recibirse de médico. Por primera vez entendía el proceso de tomar una decisión. Decidimos que él dejaría de trabajar y comenzaría a estudiar. Decidimos correr un riesgo. Yo asumí la tarea de sostener el hogar porque tuve una sensación de propósito al tener una meta definida. Una vez que acepté la responsabilidad de mantener a mi familia, tuve que buscar maneras ingeniosas de ganarme la vida. **Donde yo vivía en esos días no había compañías de venta directa disponibles.**

Después de que inicié mi propio negocio de juguetes y artesanías, comencé a desarrollar mi propia práctica para fijar metas. Tenía algo real para medir. **Puse metas para mis ganancias.** Comencé a comprender el poder que te da el tener una idea en tu mente y actuar para convertirla en realidad.

Muchos de nosotros adquirimos este poder cuando nos fijamos metas como: la adquisición de material de una casa, un auto o unas vacaciones. Ahora necesitamos elevar este proceso a las áreas más intangibles de nuestras vidas. Podemos fijar un sendero para alcanzar un pleno desarrollo personal, empresarial y social. También hay habilidades que podemos utilizar para hacer que la fijación de metas sea mucho más efectiva y útil si queremos ser los arquitectos de nuestros propios destinos.

Crea tu propio programa de acción

- ✓ Decide qué metas quieres alcanzar durante un año calendario.
- ✓ Divide las metas en cuatro secciones de tres meses. Pienso que tres meses es un periodo manejable. Fluye con las estaciones y no es demasiado largo para trabajar con él.
- ✓ Divide los tres meses en tres secciones de un mes.
- ✓ Divide cada mes en cuatro semanas.
- ✓ Decide qué necesitas hacer cada semana para alcanzar tu meta mensual.
- ✓ A medida que avanzas, revisa tu ritmo y el éxito alcanzado al completar tus tareas.

Técnicas para fijar metas

La elección de metas

La mayoría de las personas piensa que las metas son un fin en sí mismas que se puede alcanzar de una vez para siempre. De hecho, las metas son más bien como mapas carreteros para avanzar a través de la vida. **Cada meta te guía durante una parte del camino al mantenerte en el rumbo y hacer que sea más difícil que te pierdas.** Las metas funcionales deben ser **mensurables**, deben ser concretas (escríbelas) y compartidas. Una meta también debe ser **desafiante**. Queremos crecer, extendernos y enriquecernos al cumplir nuestras metas.

Metas mensurables

Asegúrate de seguir la pista de tu avance. Divide tu proyecto en unidades y evalúa constantemente cómo vas. Ten una meta principal y algunas menos importantes. Fija un plazo para cada una.

Concreta las metas

Anota tus metas como si estuvieran logradas. **Comienza con una visión del final.** Imagina la realidad de tu meta. Esto las vuelve claras, precisas y concretas. Por ejemplo, soy escritora, soy conferencista, soy una empresaria exitosa. Al escribir tus metas pones en movimiento el proceso de volverte la persona que quieres ser.

Comparte tus metas

"Dile a alguien lo que vas a hacer". Esta fue una de las primeras lecciones de Mary Kay. **Difunde tus metas.** No las mantengas en secreto. Las expectativas que los demás tienen de tus metas te ayuda a confiar en que las vas a lograr. El día que cerré mi oficina, hace tres años, un periodista me entrevistó. Me preguntó qué iba a hacer con mi vida, porque acababa de vender mi negocio. Le dije que tenía la intención de escribir un libro pero que no quería que lo mencionara en su artículo. Me ignoró y en su artículo escribió acerca del libro. Comencé a recibir llamadas de mis amigos preguntándome cuándo estaría terminado. En esa etapa "el libro" era un manuscrito a la mitad. Me sentí comprometida a actuar y alcanzar mi meta. Ahora tenía un público con expectativas. Tuve que completar el proyecto.

Aprovecha tus puntos fuertes

Crea tus metas alrededor de tus talentos naturales. Haz lo que te entusiasma. Haz lo que te hace sentir bien. Esfuérzate pero **capitaliza tus ventajas.**

Vuélvete realista

Las metas deben ser un desafío pero también deben ser alcanzables. Si fijas metas irreales te saboteas a ti misma y te sientes infeliz cuando las cosas no resultan. Las metas no tienen que ser fáciles. Pueden exigir tiempo, esfuerzo y energía, pero asegúrate de que son reales y válidas.

Pasos lógicos

"Todos los viajes empiezan con un corto paso."

Señala los pasos lógicos para ayudarte a alcanzar tus metas. Emprende la acción que te conducirá a conseguir lo que quieres. Se tenaz, haz que las cosas sucedan. Toma la iniciativa. Crea el ímpetu. Vive, sueña y cree en tus metas cada día. No dediques demasiado tiempo a cosas de poca importancia. Enfócate en las tareas verdaderamente relevantes, éstas te acercarán a tu meta. Decide cuál es la forma más rápida y eficiente para lograrlo. Asegúrate de no sacrificar las cosas más valiosas de tu vida para alcanzar tu meta. Podrías decidir tardar más en alcanzarla, a cambio de tener más tiempo para tu familia.

Asegúrate de **disfrutar el proceso de llegar allí.** El viaje es tan importante como el punto de destino. Toma conciencia de que sabes distinguir la diferencia entre una meta y una fantasía. Una fantasía es un sueño que disfrutas. Una meta es un concepto concreto y realizable.

Cubre todas las áreas de tu vida

Metas intelectuales - Sigue aprendiendo, estudiando y desarrollando tu mente.

Metas de la salud - Buena condición, alimentación, ejercicio, sueño, juego, relajamiento.

Metas en las relaciones - Mejora y crece en una relación íntima.

Metas sociales - Conoce gente, mantente en contacto con los amigos.

Metas emocionales - Acepta y expresa tus sentimientos.
- ❀ Desarrolla tus valores.
- ❀ Acepta el cambio y avanza.

Metas profesionales - Desarrolla tus contactos, profesionales y otros.
- ❀ Aumenta tus ventas.
- ❀ Desarrolla habilidades, incrementa tu experiencia.
- ❀ Vuélvete más eficaz en tu trabajo.
- ❀ Esfuérzate por la excelencia.

Metas familiares - Aumenta la calidad del tiempo que pasas con tu pareja, hijos, padres y familiares.

Metas espirituales - Ponte en contacto con tu ser interior por medio de la meditación o actividad religiosa.

Metas económicas - Gana tanto como puedas.
- ❀ Págate primero a ti misma.
- ❀ Ahorra tanto como puedas.
- ❀ Invierte tanto como puedas.
- ❀ Cumple con el pago de impuestos.

El proceso de fijar metas

- ❀ Escribe todos tus sueños, visiones, ideas e inspiraciones.

❀ Ten lápiz y papel siempre a tu alcance.

❀ Revisa periódicamente tus metas.

❀ Adapta, cambia y actualiza tus metas.

❀ Haz una lista de tus metas en el orden en que quieres alcanzarlas.

❀ Divide cada meta en plazos. Fija la fecha en la que quieres que se cumpla.

❀ Crea un plan de acción. Divídelo en pequeños pasos.

❀ Dedica por lo menos 30 minutos al día para poder enfocarte serenamente en tus metas. Agrega, renueva y adapta.

❀ Mantén un diario de tus metas. Te convertirás en la escritora de tu propia vida. Las grandes metas atraen la energía de otros que te ayudarán. La claridad crea poder. Si esperas poco conseguirás poco. **Si esperas mucho conseguirás mucho.**

Visualización creativa

Date tiempo para soñar. Necesitas meditar, imaginar, fantasear y visualizar lo que quieres. Las grandes metas te proporcionarán una oportunidad para tu crecimiento personal. Dibuja un cuadro de tu meta. Comienza con el final tal y como tu quieres que sea. Visualiza cómo quieres que sean las cosas. Imagina todos los detalles. La imaginación se puede traducir en realidad.

Todo lo que sucede en la vida comienza como una IDEA en la mente de alguien. Puedes elegir qué ideas se pueden convertir en realidad. Tu controlas tus imágenes. Deja tu futuro en buenas manos, las tuyas propias.

Shakti Gawain, en su libro clásico, "Visualización creativa", nos muestra cómo usar nuestra energía mental para transformar ideas en realidad. No hay nada mágico o místico en el proceso. Es un proceso práctico que todos podemos aplicar. Debemos utilizar nuestra imaginación todos los días.

Ahora te estoy animando a utilizar la visualización como una técnica consciente para crear lo que verdaderamente quieres: amor, trabajo satisfactorio, salud, prosperidad, paz y armonía. Crea una idea en tu mente. Continúa concentrándote en la imagen con regularidad hasta que se convierta en realidad. Usa tus sentidos para ver la imagen y para imaginar la sensación, el sonido y el color del éxito.

La energía es magnética

Los pensamientos y los sentimientos tienen su propia energía magnética, ésta es capaz de atraer una energía de naturaleza similar. Podemos ver este principio en acción cuando accidentalmente nos tropezamos con alguien en quien justamente estuvimos pensando o acertamos a tomar un libro que contiene exactamente la información que necesitamos en ese momento. He descubierto que cuanto más entusiasmada estoy por una idea, más coincidencias y conexiones comienzan a ocurrir. Tiene lugar el proceso de sincronía. La razón de esto es que los pensamientos se vuelven más poderosos. La idea es un proyecto. El arquitecto inicia su proyecto con un plano. Un artista lo hace con una visión.

Como resultado de la ley de atracción, atraemos a nuestra vida real aquello en lo que pensamos más profundamente. Cuando somos negativos, temerosos e inseguros, tendemos a atraer experiencias negativas, aunque en el fondo estemos tratando de evitarlas. Cuando somos positivos en nuestra actitud, atraemos personas, situaciones y hechos que están de acuerdo con nuestras expectativas positivas.

Cómo hacer uso de la visualización positiva

❀ Encuentra una posición cómoda, sentada o acostada, en un lugar tranquilo donde no se te interrumpa.

❀ Relaja completamente tu cuerpo, dejando que toda la tensión fluya hacia afuera. Respira profundamente.

❀ Comienza a imaginar lo que quieres exactamente como te gustaría que fuera. Crea vívidamente una imagen en tu mente.

❀ Diviértete con ella. Mantén la imagen en tu mente y en voz alta hazte algunas declaraciones positivas, afirmativas.

❀ Si enfrentas dudas, déjalas pasar y regresa a las imágenes positivas.

❀ Haz esto por lo menos durante 30 minutos todos los días.

El poder del propósito

"Ímpetu —una vez que te estás moviendo en dirección a tus metas, nada puede detenerte".

A menudo nuestras metas aunque estén bien planeadas, brillantemente concebidas y estructuradas se descartan, se diluyen o simplemente se desvanecen antes de alcanzar su madurez. ¿POR QUÉ?, porque falta el **poder del propósito**. En ausencia de propósito, las metas no se convierten en realidad. El propósito transforma una idea posible en una certeza. Cuando nos acercamos a nuestras metas con verdadero propósito en nuestros pensamientos, acciones y palabras, emanamos una gran energía. Entonces se vuelve imposible detenernos. Otra palabra que debe ser un propósito es la fuerza de voluntad.

72

Cuando tenemos un propósito, cada célula de nuestro cuerpo está a nuestras órdenes, lista para lograr nuestros objetivos. Es el poder del propósito lo que permite a los humanos realizar hechos sobrehumanos. Los atletas olímpicos y todos los **grandes realizadores saben cómo encauzar esta energía.**

Cómo crear tu propia fuerza de voluntad

❀ Necesitas claridad en lo que te propones.
❀ Saber lo que quieres.
❀ Definir tu meta con claridad y precisión.
❀ Ser capaz de ver en tu mente como será el final.
❀ Concentrar toda tu energía en tu meta.
❀ Cortar todos los pensamientos contradictorios o competitivos.
❀ El propósito va más allá que anotar simplemente tus metas. Es el proceso de aplicar toda tu voluntad para hacer que sucedan las cosas.

Escribe tu propio libreto

De cualquier manera que miremos nuestras vidas, no tenemos que ser las continuas víctimas del destino o de la suerte. Podemos hacer el libreto de nuestras propias vidas en la forma en que un actor da vida a una obra. Todo lo que necesitamos es la imaginación para proyectarnos a nosotras mismas en el guión. Escribe un cuadro detallado de cómo te gustaría que fuese tu vida y un plan de acción para conseguirlo.

Afirmaciones

Repite continuamente para ti misma palabras, frases

e imágenes positivas. Aprendí el poder de las afirmaciones cuando comencé a correr. Mientras corría me decía "Sigue, Cyndi, sé que puedes. No te detengas, sigue. Vuela más rápido". Antes de pensarlo, había llegado a mi punto de destino. **Hablar contigo misma positivamente refuerza mucho**. Este es el mensaje al que tu subconsciente responde. Afírmate a ti misma con cada pensamiento.

Capítulo 6

El desafío del cambio

El desafío del cambio

El cambio es inevitable. Nadie es ajeno al cambio. No hay modo en el que podamos detener el proceso de cambio. ¿Cómo podemos aprender a participar activamente en el proceso de cambio en lugar de resistirnos?

En este capítulo bosquejaré algunas de las claves para enfrentar el cambio en una forma positiva. Podemos aprender a abrazar el cambio y a disfrutar la emoción y el desafío de soltarnos y avanzar hacia mayores y mejores experiencias.

Todos amamos la comodidad de los lugares, rostros y actividades familiares. Todos sentimos ansiedad ante la perspectiva de cambiar de casa, ciudad, país, trabajo o profesión. Sin embargo, podemos hacer que sea más fácil para nosotros aceptar el cambio, crearlo, y al hacerlo así, empezar a disfrutar una vida colmada de decisiones y opciones nuevas.

Algo en tu vida quizá necesite cambiar. Podría ser una relación, un trabajo, o hasta tu propia actitud. El cambio no es fácil. Hay muchos obstáculos que vencer. Ahora es el momento perfecto para empezar. Todos sentimos algún grado de inseguridad a propósito de situaciones nuevas. La única manera de vencer el temor actuar tan pronto como sea posible.

Cambiar a una carrera en la venta directa desde cualquier profesión o trabajo que tengas actualmente requerirá el valor de correr un riesgo. Estás desafiando tus propias capacidades y desempeño. Esto requiere que tengas confianza en ti misma y que estés motivada para comprometerte con tu nueva carrera.

El manejo del temor

Si supieras que puedes manejar cualquier evento que se presente, ¿qué tendrías que temer? La respuesta es nada. El temor es sólo un estado mental. Necesitamos desarrollar más confianza en nuestra capacidad para manejar cualquier evento, por inusitado que éste sea.

En nuestro proceso de educación nos inculcan el temor. Desde pequeños nos hacen sentir temor de perdernos, temor de no manejar situaciones, temor a los riesgos. Así que es necesario desprendernos de este comportamiento. Yo tuve una madre sobreprotectora. "Ten cuidado, estoy tan preocupada", decía. Yo me preocupaba tanto porque ella estaba preocupada que no podía divertirme. Me llevó muchos años darme cuenta de que cualquier cosa que me sucediera, podía manejarla. Ahora me digo continuamente, "Lo manejaré".

Cuando empecé a hacer cosas por mi cuenta comencé a paladear la delicia de la autoconfianza que esto me ofrecía. Sin embargo no todo es agradable. Es como aprender a andar en bicicleta o a nadar. Te caes frecuentemente, te levantas e intentas de nuevo. Con cada pequeño paso te sentirás más confiada. No podemos escapar al temor pero podemos transformarlo en un compañero que va con nosotros en todas nuestras aventuras. Mientras más veces enfrentes y venzas el temor, más probable es que triunfes y al mismo tiempo tendrás más confianza para seguir hacia nuevas direcciones. Cada vez que siento temor, evoco algunos de los cambios que he logrado y sobre todo vuelvo a visualizar que siempre resultaron positivos.

¿Quieres conectarte con tu "fuerza" interior, aumentar tu autoestima y experimentar mayor goce? Para hacerlo tienes que permitir que las cosas sucedan, y aceptar que debes correr riesgos. Un desafío implica todo esto. Debes aprender y decidirte a:

* ❀ A decir sí a muchos desafíos nuevos.
* ❀ A tener más control sobre tu vida.
* ❀ A hacer realidad tus sueños.
* ❀ A volverte más segura.

Susan Jeffers ha escrito un libro inspirador titulado "Siente el temor y hazlo de todos modos". Es una guía para convertir tu temor e indecisión en confianza y acción. Sus técnicas nos muestran cómo cambiar ese sentimiento de parálisis en acción. Necesitamos algunos instrumentos que nos ayuden en el proceso de cambio. El componente primero y más importante es desarrollar la cualidad de la valentía.

Cómo ser valiente

El valor no es un sentimiento. Es un **acto, es llevar a cabo lo que sientes que está bien a pesar de tus temores.** Cuanto mayor es el temor, tanto mayor el valor necesario para vencerlo. El temor jamás se alejará, va intrínseco a nuestro desarrollo. Cada vez que enfrentemos nuevos desafíos experimentaremos temor. Como conferencista profesional, aún experimento el mismo temor cada vez que voy a hablar frente a un nuevo público. El temor es en parte expectativa, en parte el deseo de desempeñarme lo mejor posible. La única manera de eliminar el temor es salir a hacer lo que tienes que hacer. Lo que necesitamos es invertir nuestro comportamiento. En lugar de evadir el temor debe acercarnos a él y enfrentarlo. Si frente al temor adoptamos una actitud de inmovilidad y desamparo, nos hará sentirnos deprimidas, desesperanzadas e ineficaces. Como dice Susan Jeffers: **"El secreto está en mover el temor, de una posición de dolor a una posición de poder".**

Las mujeres y el poder

Las mujeres han sido condicionadas para pensar que el poder no es femenino ni atractivo. La verdad es precisamente la inversa. Una mujer segura, que tiene alternativas y está controlando su propia vida, atrae a otros como imanes. Las personas aman la energía positiva. Una mujer que es decidida irradia confianza y emana una cualidad mágica que cautiva y estimula a otros a querer ser parte de su mundo.

"Los ángeles vuelan porque se toman a la ligera." Cuando escucho esto, toca una fibra en mi corazón. Todos llevamos demasiado bagaje del pasado. Necesitamos saber qué tenemos que soltar. Debemos dejar ir las relaciones que no nos resultan, la ropa que ya no nos queda, los hábitos que nos perjudican.

Todos tenemos en nuestro interior una voz que nos dice "No te muevas, no cambies, no corras riesgos. Podrías cometer un error." **El mayor error que puedes cometer es no intentar.**

"No es porque las cosas son difíciles que no nos atrevemos. Es precisamente porque no nos atrevemos que las cosas son difíciles." Debemos empezar por cambiar nuestro modo de estar pensando y decirnos: "Puedo, sé que lo manejaré porque soy responsable de mi propia vida".

Realiza cada día algo que te haga sentir cómoda.

Todos tenemos poder para cambiar aspectos de nuestras vidas. Y siempre es más del que jamás pudimos haber imaginado.

Corre un riesgo cada día

* ❀ Proponte vencer el temor de hablar con un desconocido ya sea en el supermercado al ir de compras, o bien al entrar en un elevador o al realizar un viaje en avión, tren, etcétera.
* ❀ Compra una nueva marca de un producto.
* ❀ Compra una prenda en un color que jamás has usado.
* ❀ Lee un nuevo autor.
* ❀ Come algo diferente, nuevo o insólito.
* ❀ Ejercítate un poco más.
* ❀ Cambia tu peinado.
* ❀ Cambia el color de tu lápiz labial, sombra para párpados o esmalte de uñas.

Al tomar una decisión

* ❀ Explora todas las alternativas.
* ❀ Habla con los demás, escucha otras opiniones.
* ❀ Establece prioridades.
* ❀ Anota tus opciones en dos columnas. Escribe los pro de un lado y los contra del otro. Te asombrará cuán fácilmente surgirán las respuestas a tus decisiones.
* ❀ Busca retroalimentación de otras fuentes.

Crea tu propio cambio

No podemos cambiar el mundo pero podemos cambiarnos a nosotros mismos. A los 20 años era una gran idealista. Creía que podía cambiar el mundo. A los 40, soy una gran realista porque **sé que la única persona a la que puedo cambiar es a mí misma.**

Necesitamos romper viejos hábitos e intentar algunas conductas nuevas. Podemos crear nuevas respuestas. Siempre resulta más fácil y más cómodo seguir haciendo cosas conocidas.

El camino a la realización está a tu alcance. Una vez que tomes conciencia de que tienes elecciones y opciones puedes comenzar a moverte. Muchas personas que están estancadas están sin darse cuenta en una situación sin salida porque no se atreven a aprovechar las nuevas oportunidades.

El propósito de este capítulo ha sido ayudarte a manejar el cambio en una forma que te permita avanzar. Cada vez que tienes el valor de aceptar un nuevo desafío tu autoestima aumenta considerablemente. Sobrevivirás sin importar lo que suceda. **La seguridad no está en tener cosas, sino en manejar situaciones.**

Capítulo 7

La creación del carisma

Verse bien, sentirse fantástica

La creación de un estilo

Ejercicio, condición física y salud

Permite que te cuiden

Habilidades para la comunicación

Habla con el corazón

Verse bien, sentirse fantástica

"Lo que eres grita tan fuerte que no puedo oír lo que dices." Ralph Waldo Emerson.

Cuando una mujer siente que se ve bien, irradia confianza en sí misma. Camina con la cabeza erguida y se siente feliz con la imagen que le refleja el espejo. Amo a las personas carismáticas, atractivas. Amo a esas personas cuya presencia ilumina la habitación. Algunas personas irradian un aura que nos hace querer estar cerca de ellas. ¿Cuáles son estos aspectos mágicos, indefinibles, de una personalidad que nos atrae?

No es sólo la belleza física lo que nos atrae. Las personas que son seguras y creen en sí mismas expresan esta cualidad especial. Gozamos al estar con personas que creen en sus propias capacidades porque eso nos hace sentir seguras. **Nos sentimos inspiradas y llenas de energía por las personas carismáticas, y ellas nos motivan a emularlas.**

Cuando estamos frente a una persona carismática lo que vemos es a esa persona de manera integral.

No olvides que tu imagen está compuesta por:

❀ Tu aspecto físico.
❀ Tu ropa.
❀ Tu lenguaje corporal.
❀ La personalidad que proyectas.

"Conocerlo fue como abrir una botella de champagne" Winston Churchill al conocer a Franklin D. Roosevelt.

Primeras impresiones

Jamás tienes una segunda oportunidad de hacer una primera impresión.

No hay duda de que las primeras impresiones son muy importantes. La imagen que proyectas a través de tu apariencia exterior es el primer mensaje que envías en cualquier situación nueva. Aparentar el personaje es tan importante como ser el personaje. Puedes cultivar el atractivo basado en la pulcritud, la selección adecuada de tu ropa, el cuidado de tu cuerpo y el desarrollo del sentido de un estilo individual.

Siempre presenta tu mejor aspecto

Mi abuela cumplió 90 años. Al levantarse cada mañana se baña, se arregla el cabello, se viste y se maquilla. Luego arregla su casa y se dispone a cocinar. No importa a qué hora la visites, jamás la encontrarás descuidada. Siempre tiene su mejor aspecto. Parece 30 años menor de lo que es. No se considera una persona vieja y se mantiene con buena salud.

Aunque la apariencia no es todo, una primera impresión es muy poderosa. Cuando las personas se ven bien, se sienten bien. Se sienten más positivas con respecto a sí mismas y alcanzan mejores resultados.

En el negocio de la venta directa, hay muchos días en que estás trabajando sola en casa. Aparentemente no hay ninguna razón para estar bien vestida pero creo que debes practicar la disciplina de arreglarte, maquillarte y verte bien todos los días. Aunque te pases el día haciendo llamadas telefónicas, haz un esfuerzo por verte bien de manera que **puedas proyectar una imagen profesional de eficiencia y seguridad.**

Voy a darte 10 secretos para una apariencia fantástica:

10 prendas mágicas

1. *Blazer* básico azul marino (de lana, bien cortado).
2. Playera blanca.
3. Camisa blanca clásica.
4. Cuello de tortuga negro o azul marino.
5. Pantalones negros a medida.
6. Falda negra recta.
7. Vestido de noche clásico, negro o azul marino.
8. Falda tableada negra o azul marino.
9. Pantalones de mezclilla.
10. Blusa de noche de seda, en un color favorito.

Si lo combinas con diferentes mascadas, cinturones y accesorios, este tipo de guardarropa puede servirte durante una variedad de estaciones, ocasiones y horas del día.

Al formar tu guardarropa

Trata de no comprar por impulso o al azar. Redundará en una práctica cara. Las liquidaciones no son siempre tan baratas como parecen si nunca vas a usar lo que compras. Esta es una gran advertencia que recibí: **No compres algo a menos que vaya con otras tres prendas de tu guardarropa**. Piensa en tu ropa como una inversión a largo plazo. Colecciona clásicos, compra calidad y arma tu guardarropa.

Mantenerte a la moda

Estar a la moda requiere conocer y comprender las tendencias contemporáneas, nuevos estilos y tener una apertura para adaptar tu estilo. Necesitas estar preparada para cambiar tu imagen. Compra revistas de moda para sacar ideas.

Formas de cambiar tu aspecto

❀ Cambia tu estilo de peinado.
❀ Cambia el color de tu cabello.
❀ Cambia el color de tu maquillaje.
❀ Cambia el largo de tu falda.
❀ Cambia la forma de tu chaqueta.
❀ Usa accesorios diferentes con tu ropa.
❀ Ponte un color insólito.
❀ Crea cambios con cinturones, bufandas, medias y joyería de fantasía, sombreros y anteojos para el sol.

La creación de un estilo

El estilo no sólo lo da la ropa que usamos. El estilo es saber incorporar una moda a tu imagen. Es adquirir el conocimiento de cuáles son tus mejores características, de saber destacar tus ventajas. Es sentir los elementos que van juntos para crear tu imagen. Si no sabes qué colores o estilos te quedan bien, acude con una consultora de moda y pide ayuda.

A mí me gusta la ropa que impacta. Tengo una imagen muy clara de los estilos que van con mi personalidad. Adoro los aretes llamativos, los colores brillantes y las chaquetas ajustadas con faldas cortas. Uso colores exóticos tales como esmeralda, magenta, morado, turquesa y mandarina brillante. Me encantan los *jump suits* de telas suaves porque me gusta la libertad de movimientos y el hecho de que con una prenda estoy vestida.

Encuentra tu estilo. Sentirse y verse bien contribuye mucho para forjar la confianza interior y la seguridad en ti misma.

El ambiente de casa

El estilo no está limitado solamente a lo que vistes sino también a cómo vives. Tu ambiente incluye no sólo tu ambiente mental y emocional sino también el espacio físico en que vives. Necesitas crear una sensación de armonía y paz en tu vida.

Objetos hermosos, cosas que amamos y colores suaves crean un ambiente en el podemos florecer. Asegúrate de que tu ambiente sea un reflejo de tu personalidad.

Que tu rostro exprese felicidad

Una simple sonrisa es el instrumento más poderoso que posees. No te olvides de usarlo. Es sorprendente, pero sonreír te hace sentir bien. Las personas siempre responden positivamente a una sonrisa. **Ilumina tu cara y sus vidas.** Aunque alguien no responda a tu sonrisa no importa no habrás perdido nada, porque el sólo hecho de sonreír es una ganancia personal.

Personalidad

Atrévete a ser diferente. Expresa tu exclusividad, no temas proyectar y expresar tu personalidad. Una conferencista que conozco siempre que va enfrentarse al público, lleva puestos sombreros maravillosos.

Ejercicio, condición física y salud

¡Soy fanática del ejercicio! Me volví adicta al ejercicio a pesar de ser una persona muy poco deportista. Tengo mala coordinación y lucho para golpear una pelota de tenis o para practicar cualquier deporte que requiere de habilidad. Una vecina me inició en la carrera. En aquella época tenía un niño de dos años y una bebé. El escape inherente a pasar 20 minutos sola, corriendo lejos de mis responsabilidades de tiempo completo, era muy atractivo por sí mismo. Las otras recompensas, la buena condición, la salud y más energía, vinieron por añadidura. Para entonces yo era una corredora dedicada. Si quieres administrar un negocio y llevar un estilo de vida exigente, necesitas energía. **El ejercicio proporciona esta energía**, aumenta la resistencia y fortalece tu cuerpo y tu espíritu. Cuando tienes salud tu potencial es ilimitado.

Guías para ejercitarte

- ❀ Haz que un médico controle tu salud.
- ❀ Elige una actividad que disfrutes.
- ❀ Elige una hora del día que sea sólo para ti.
- ❀ Comienza haciendo un poco y aumenta gradualmente.
- ❀ Fíjate metas a corto plazo que puedas alcanzar.
- ❀ Haz ejercicio ocasionalmente con una amiga en un ambiente agradable.
- ❀ La música es una gran ventaja para ejercitarte. Cuando corro lo hago acompañada con música, porque pienso y siento la música como una gran compañera.

❀ Explora algunos tipos diferentes de ejercicio y descubre cuál se aviene con tu temperamento y horario.

El cuidado de tu cuerpo

Cuidar tu cuerpo es una de las maneras fundamentales en que puedes convencerte de tu valor como persona. La salud de la mente y del cuerpo están inextricablemente ligadas. Cuando experimentamos tensión o problemas emocionales generalmente se expresan en forma de un malestar o enfermedad. Que no cuides tu cuerpo es generalmente un reflejo de baja autoestima. También es un círculo vicioso. Si no mantenemos nuestros cuerpos sanos y en forma, tenemos sentimientos negativos y nos sentimos insatisfechas con nosotras mismas.

El ejercicio adecuado mejora tu capacidad cardiaca y pulmonar, aumenta tu resistencia a las enfermedades y regula tu metabolismo. También te da más energía para alcanzar tus metas.

Hay muchas alternativas disponibles, dependiendo de tus necesidades, tiempo disponible, preferencias y estilo de vida.

Estas son algunas de tus opciones:

❀ aerobics	❀ tenis	❀ yoga
❀ baile	❀ karate	❀ natación
❀ ciclismo	❀ gimnasia	❀ voleyball
❀ squash	❀ acuarobics	❀ caminata
	❀ danza del vientre	

El tiempo que dedicas al ejercicio

es tiempo para ti misma

Reduce la tensión y te permite divertirte y relajarte. Puedes incorporar el ejercicio como una actividad social o usarlo como tiempo para meditar y estar sola.

Permite que te cuiden

Todos necesitamos amor, cuidado, apoyo y ternura. Como mujeres, estamos condicionadas a dar amor y apoyo a quienes nos rodean. Necesitamos aprender a nutrirnos de amor, quizá no recibamos todo el apoyo que necesitamos de una sola fuente.

Recibir consuelo de personas que nos quieren contribuye mucho a hacernos sentir mejor. Necesitamos aprender a pedir ayuda.

¿Dónde podemos encontrar apoyo?

❀ amigos
❀ padres
❀ hijos
❀ parejas
❀ nosotras mismas

❀ actividades espirituales
❀ colegas del trabajo
❀ revistas, libros y cintas
❀ grupos a los que asistimos

El paquete entero

Tu autoimagen determina cómo te ves a ti misma. Es una creación que has desarrollado a través de los años. Es la respuesta a eventos y experiencias que se han impreso sobre ti. Puedes expandir tu autoimagen. Puedes crear una nueva autoimagen al cambiar los pensamientos que tienes sobre ti misma.

Date cuenta de que las personas responden al paquete entero. Se sienten atraídas por la forma en que te ves, la forma en que te mueves, la sonrisa, la voz y la energía que irradias. Si eres rígida, cerrada e introvertida, no pueden alcanzarte. Trata de convertirte en alguien de quien digan los demás: "Es una de esas mujeres que entran a una habitación y el aire vibra", o "Ella tiene esta presencia". Obsérvate como un todo. Tendemos a analizar o "engancharnos" a un solo aspecto de nosotras mismas. Aprende a proyectar tu ser interior a través del lenguaje de tu cuerpo, tu voz, y deja que tu individualidad brille.

Habilidades para la comunicación

Hablar en público es el miedo más grande del mundo después de la muerte. Domínalo. No te preocupes por los errores. La audiencia no sabe lo que intentas decir.

La habilidad para hablar en público es esencial para los negocios. Si planeas, preparas y ensayas, puedes dominar los nervios. Si amas auténticamente a tu audiencia, quieres ayudarlos y sientes apasionadamente tu tema, tu miedo se desvanecerá.

Estar a la vista es necesario para tener éxito. Desarrolla un estilo claro y elocuente. Vístete de una manera que refleje la imagen que quieres proyectar, más si estás sobre un escenario. Es importante verse bien.

Prepárate cuidadosamente

Cuando estés preparándote para hacer una presentación ante un grupo, prepáralo con detalle:

1. Anota todos los puntos que tienes que cubrir.

2. Analiza el propósito de tu charla, déjalo en claro.
3. Crea una introducción, tres puntos principales y una conclusión.
4. No trates de decir demasiado.
5. Deja siempre algo para decir al final.
6. Si tienes datos, cifras, reconocimientos y ventas, es perfectamente apropiado que los leas.
7. Prepara tus puntos en tarjetas.
8. Apóyate en historias personales, anécdotas o incidentes para ilustrar un punto.
9. Haz una pausa con un breve silencio en lugar de "um, ah".
10. Repite tus puntos principales, resume y termina con estilo.

Habla con el corazón

Todos los oradores sentimos miedo escénico pero aprendemos a manejarlo. Dottie Walters, quien es una experta mundial en la enseñanza de habilidades para las presentaciones, dice: "La oratoria profesional es un asunto temerario, así que, miedo escénico o no, debes estar dispuesta a pararte y hablarle a la audiencia con el corazón".

Usa un vocabulario estimulante

Como conferencista, las palabras son las herramientas de mi oficio. Siempre busco palabras nuevas, interesantes y vívidas. Llevo una bitácora de palabras positivas que voy agregando a mis presentaciones motivacionales. Colecciona palabras. Tómalas de diferentes fuentes y usa un vocabulario. Esto te dará palabras alternativas para aquéllas que ya hayas usado en tu presentación. Siempre busca maneras nuevas y diferentes de decir las cosas. Introduce en tu presentación el arte escénico. Dramatiza, enfatiza y proyecta tu personalidad.

Técnicas de proyección de la voz

❀ Aprende a usar tu voz con expresión.
❀ No hables monótonamente.
❀ Varía el tono.
❀ Varía el ritmo.
❀ Habla en un volumen constante.
❀ Habla con claridad.

Reglas de oro para hacer una presentación

1. Antes de empezar, respira profundamente.
2. Cierra los ojos durante un minuto antes de subir.
3. Concéntrate sólo en las primeras palabras.
4. Una vez que las hayas dominado, ya estás en el camino y el resto fluirá.
5. Toma conciencia de que aunque haya frente a ti toda una audiencia, estás hablándole a cada persona, una por una. Esto es menos intimidante.
6. Sonríe, haz que la audiencia sienta tu presencia, disfrútalo.
7. Vigila tu lenguaje corporal, mantente serena.
8. Ingresa a un grupo —como los Toastmasters— para practicar hablarle a un grupo.
9. Mira a los ojos a algunas caras del público.
10. Practica y ensaya tus primeras presentaciones hasta que te sientas cómoda con una audiencia. Diviértete y relájate. Habla a un ritmo cómodo, no te precipites en tu presentación.

Capítulo 8

Estrategias de venta

Nada sucede sin una venta

La venta es el mismo "CORAZÓN DE LOS NEGOCIOS". Pero la primera reacción de la mayoría de las mujeres es: "Yo no podría vender". Esta respuesta es más común entre las mujeres que jamás han estado en negocios. Muy pocas mujeres han sido condicionadas para pensar que vender es una profesión valiosa. Pocas de nosotras fantaseamos sobre una carrera en las ventas. No conocíamos el glamour, la oportunidad y posibilidades inherentes a una carrera en ventas.

En el mercado de hoy todos tienen primero que venderse a sí mismos. Ya sea un médico, un abogado, un contador o un profesional en otro campo, tiene que salir y vender sus servicios. La reputación del ramo de las ventas ha sido menos que color de rosa. En el pasado el entrenamiento en ventas se limitaba a "Cierre la venta", ésta era la base de la mayoría de las técnicas. Pero para la gente esto implica una forma de presión. **"Nadie quiere que le vendan pero todos adoran comprar"**, dice la autora Helen Bruveris. **Necesitamos crear un ambiente en el que el cliente quiera comprar.**

Una cliente feliz regresará. Compartirá la alegría de su compra con las amigas. En este capítulo aprenderás cómo desarrollar una personalidad de ventas triunfadora, y cómo crear la actitud correcta hacia tu producto y tu cliente.

Vender es la habilidad comercial esencial. Vender es la combinación de ti misma, tu actitud, tus metas, tu conocimiento del producto, tus habilidades con la gente y la capacidad de dirigir un equipo de ventas. **Vender es hoy el arte de desarrollar relaciones con los clientes.**

Tu actitud determina tu altitud

Tu apariencia

El atractivo se puede adquirir. Cualquiera que sea el producto que estés vendiendo, también te estás vendiendo. Un exterior bien presentado te hace adelantar mucho. Necesitas verte pulcra, elegante y con estilo. Como dijimos en el capítulo sobre la imagen, "**Nunca tienes una segunda oportunidad de hacer una primera impresión**". Coco Chanel dijo: "Si una mujer se ve corriente, notan su ropa, si se ve bien, notan a la mujer". Las mujeres pueden verse femeninas sin verse provocativas. Al venderles a otras mujeres quieres verte bien sin parecer exageradamente arreglada. Tu aspecto impacta en el modo en que otras mujeres se sienten acerca de sí mismas. Cuando veo a una mujer elegante y pulcra, con una imagen refinada, me siento inspirada para mejorar mi propio aspecto. Si te vistes como si tuvieras éxito, inspirarás confianza en otras mujeres. Sácate el mayor partido, ve con regularidad a peinarte, a hacerte faciales, y mantén tu guardarropa listo para la acción.

Tu voz

La forma en que emites la voz cuando haces una presentación de ventas favorece que alguien disfrute al escucharte.

❀ No hables monótonamente.
❀ Varía tu tono.
❀ No uses un chillido agudo.
❀ Mantén tu voz pareja, tranquilizadora y bien modulada.

❀ No hables demasiado rápido.
❀ **Escuchar es más importante que hablar.**

Actitud mental

1. Analízate.
2. Ten firmeza acerca de lo que quieres.
3. Escribe tus metas y planes de acción.
4. Bosqueja un plan de acción para tus metas de ventas.
5. Divide el plan en pasos manejables.
6. Empieza de donde estás ahora.
7. Revisa tus planes a menudo.
8. Asegúrate de sentir entusiasmo por la gente.
9. Elige productos que puedas usar y gustar.
10. Haz el esfuerzo adicional por tu cliente.

Integridad

Sé tu misma. Que tu personalidad amistosa brille, y mantén una sensación de honestidad y apertura. Una de mis amigas dice que yo podría venderles cubos de hielo a los esquimales. Eso sólo se debe a que me vendo a mí misma cada vez.

Necesitas mantener tu palabra, cumplir las promesas y mantener tu integridad. No hagas afirmaciones falsas acerca de tu producto o servicios. No prometas entregas que no puedas cumplir y no te retractes de tu palabra.

Apertura a las oportunidades

Cuando estás vendiendo un producto siempre estás prospectando y buscando nuevas clientes. Siempre estás alerta. Cuando conozcas a las personas socialmente, haz preguntas y descubre qué hacen y a quién conocen.

Forma un banco de contactos. Lee, viaja, visita nuevos lugares y consérvate al día de todas las novedades comerciales de manera que siempre haya nuevas oportunidades en el horizonte. Mantente enterada. Lee periódicos locales, escucha para conocer las tendencias.

Humor

Creo que el humor no es sólo la llave para vender, sino también el secreto de todas las habilidades interpersonales efectivas. Mi padre tenía un maravilloso sentido del humor y me enseñó a reírme de mí misma y con los demás en situaciones que podrían considerarse sombrías.

Los negocios implican relacionarse con personas. Haz reír a alguien. Quítale la seriedad a todo. Relájalos. Si tienes un repertorio discreto de chistes, úsalo si sientes que necesitas eliminar la tensión o romper el hielo.

Cree en ti misma

Necesitas tener fuerza interior y tener confianza en tu propia capacidad cuando vendes. Tendrás que hacerle frente al rechazo como parte constante de tu papel. Necesitas mantener tu autoestima positiva y no rendirte a las respuestas negativas.

Actitud emocional

Para ser una vendedora eficiente necesitas **una actitud positiva y entusiasta.** En una buena vendedora se encuentran muchos de los atributos necesarios para ser una empresaria exitosa. También necesitas vigor y energía para seguir adelante. Si visitas 10 clientes puedes recibir 10 rechazos y luego un pedido fantástico. Necesitas persistencia para mantenerte cuando te rechazan. Finalmente desarrollarás una piel dura. Sería emocionalmente fatigoso sentirte acabada por cada rechazo. Si crees en tu producto y en ti misma, finalmente vencerás. **Si no puedes tener una relación amorosa con tu producto, no empieces a vender.**

Necesitas coraje. Estás explorando territorio nuevo e investigando siempre nuevos caminos. También necesitas ser **autodisciplinada** y seguir persiguiendo tus metas a pesar del fracaso. Mi lema ha sido siempre: **"Cambia cada 'No' en un 'Sí'"**. Finalmente alguien va a comprar lo que tienes para vender. **Si te rindes jamás sabrás qué éxito te podría estar reservado.**

Las "P" de la actitud positiva

* Persistencia
* Perseverancia
* Potencial
* Producto
* Prioridades
* Profesional

* Promesa
* Personas
* Posibilidades
* Personalidad
* Pasión
* Presentación

* Proactiva
* Poder
* Potencia
* Picante
* Pose
* Provecho monetario

El arte de venderle a una mujer

En su libro clásico, *Nunca subestimes el poder de venta de una mujer*, Dottie Walters dice: "En cada situación de venta hay un comprador y un vendedor. Si tienes dificultades para venderle a una mujer significa simplemente que ella ha volteado la situación y te ha vendido su respuesta negativa".

Hoy las mujeres tienen el control sobre el poder de compra. Como mujeres con **clientes predominantemente femeninos,** necesitamos encontrar la manera de apelar a las necesidades propias de una mujer. Y no es tan sencillo como parece.

100

Lo que realmente compran las mujeres

Las mujeres no compran un producto o servicio. Compran la imagen de lo que quieren ser. **La vida de una mujer tiende hacia eso.** Quiere ser más delgada, más joven, más hermosa, mejor esposa, madre, amante y ama de casa. Quiere más aprobación a los ojos de las personas que le importan. Quiere más tiempo. La mayoría de las mujeres verá fácilmente el valor de comprar un horno de microondas, lavadora, lavavajilla y aspiradora. Todos son artefactos que ahorran tiempo, que les ofrecen una hermosa casa con facilidad y en menos tiempo. ¿Por qué compraría una mujer cosméticos, maquillaje o perfume? Porque prometen hacerla más atractiva, más deseable para los hombres y verse más joven. ¿Quién no quiere sentirse bien?

Habla con tu cliente. Trata de descubrir cómo se ve a sí misma o cómo quiere verse y véndele esa visión. Házla sentirse especial. **El servicio al cliente es preocuparse por sus necesidades de manera personal.**

El simple hecho de adular a una mujer la hace sentirse especial. Sé genuina y sincera. No hay nada peor que una vendedora falsa.

¿Por qué compran las mujeres?

¿Qué motiva a las personas? ¿Qué quieren las mujeres?
- ❀ Quieren amor, romance y placer.
- ❀ Quieren tiempo para sí mismas.
- ❀ Quieren ser hermosas, más jóvenes, más deseables.
- ❀ Quieren salud, tranquilidad mental, seguridad.
- ❀ Quieren divertirse, gozar, fiestas, emociones en perspectiva.
- ❀ Quieren algo que esperar con ansia.
- ❀ Quieren logros, reconocimiento.

Tu cliente potencial

Tiene una multitud de personalidades. Es una niñita que necesita ser admirada y protegida, es una adolescente llena de risitas y coqueteos, una madre que necesita consolar, nutrir e inspirar, una esposa que apoya a su hombre, una anciana que necesita que la consulten y respeten. En cualquier momento puedes ver una combinación de todas las facetas de su personalidad.

Llaves del corazón de una mujer

Investiga a tu cliente potencial. ¿Es ama de casa, casada o soltera, trabaja en una carrera o profesión, adolescente o madura? Cuando le vendes a un hombre, le vendes basada en las características prácticas y en los beneficios de un producto. Cuando le vendes a una mujer, vendes algo más intangible. Una mujer compra belleza, atmósfera y una promesa.

- ❀ Pon a una mujer a sus anchas.
- ❀ Al comienzo de la conversación muéstrate de acuerdo. Escucha, déjala hablar y haz tantas preguntas abiertas como puedas, de una manera discreta.
- ❀ Pídele a una mujer que te ayude. La hace sentirse necesaria.
- ❀ Las mujeres tienen una curiosidad básica. Despierta su curiosidad.
- ❀ Haz de tu cliente una amiga.
- ❀ Actúa con simpatía y tacto.
- ❀ Sirve a tu cliente. Estás ahí para ayudar.
- ❀ Varía tu enfoque para adecuarte al grupo de edad de la mujer.
- ❀ Trátala como individuo.

Conocimiento del producto

La base de tu negocio es **vender el producto al menudeo a los clientes**.

❀ Si no usas tus productos tienes poca probabilidad de tener éxito en este negocio. Usa tus productos.
❀ Adquiere tanto conocimiento del producto como puedas.
❀ Conoce los beneficios de los productos.
❀ Lleva contigo folletos, volantes y muestras.
❀ Mantente al corriente de los lanzamientos de productos.
❀ Entérate de las promociones y ofertas especiales de tu compañía.
❀ Siente entusiasmo por tus productos.
❀ Ama tus productos. Son la fuerza impulsora de tu negocio.

Servicio al cliente

Piensa por qué un cliente preferiría comprarte sus cosméticos o joyería a ti en lugar de ir a una tienda: comodidad, valor y calidad. Pero la gran carta es el **servicio personal.** Piensa cómo puedes dar servicio eficiente a tus clientes, cultiva la lealtad y crea una situación en que puedas anticiparte a sus necesidades. La mayoría de las mujeres hoy se preocupan por ahorrar tiempo. La compra al menudeo implica mucho tiempo desperdiciado y a menudo un servicio deficiente. Capitaliza estos dos aspectos de la venta directa. **Da un servicio pronto, eficiente, y convierte a tu cliente en una amiga.**

103

Habilidades de venta

El proceso de venta tiene tres fases principales: la apertura, los beneficios y el cierre.

La apertura

Durante la fase de apertura haz tantas preguntas como sea posible para definir las necesidades del cliente. Esto te da la información que requieres para hacer una venta exitosa. Pregúntale a tu cliente sobre sus hábitos, salud, estilo de vida, trabajo y familia. Relaciona las preguntas con el producto que estás vendiendo. Por ejemplo, si estás vendiendo cosméticos, pregúntale cuál es su tipo de piel o su sensibilidad. ¿Qué maquillaje está usando actualmente? Esto conduce a la siguiente fase del proceso de venta.

Los beneficios

Traduce las características de tu producto a tu cliente, en términos de beneficios, al conocer sus necesidades. Por ejemplo, si estás vendiendo vitaminas el beneficio para tu cliente es la buena salud. Si estás vendiendo productos para el cuidado de la piel, el beneficio es una hermosa piel resplandeciente. Con productos para el cuidado del automóvil, los beneficios son mayor economía, mejor consumo de combustible, servicio menos frecuente y una vida más larga para el vehículo.

El cierre

Reconoce las señales de compra. Este es el momento de cerrar la venta. Recuerda que varios pequeños "síes" equivalen a un gran "sí". Cuando tu cliente expresa un interés específico en las características del producto, refuerza este interés y cierra la venta. Por ejemplo, "¿En qué tonos de rosa viene este lápiz labial?". Contesta simplemente la pregunta y pregúntale cuántos le gustarían. A estas alturas, cualquier objeción debe ser manejada sin entrar en conflicto con el cliente. A menudo las objeciones son el deseo de ésta de tener más información o más seguridad. **No tomes las objeciones como un ataque personal o como un rechazo.**

El propósito de cerrar la venta es **ayudar a tu cliente a tomar una decisión** tan fácil y rápidamente como sea posible. Mientras ella está indecisa, está fuera de equilibrio y en un estado de tensión. Al ayudarla a llegar a una decisión final, estás restableciendo su equilibrio.

Vencer la resistencia a comprar

1. Descubre por qué recibiste un no. Algunas personas dicen "no" automáticamente a todos. **"No" no siempre significa "no".** Aprende cuándo debes dejar sola a tu cliente y cuándo insistir.
2. Háblale a una mujer sobre ella misma y te escuchará durante horas.
3. Atrapa su atención.
4. Enciende su imaginación.
5. Repite los beneficios del producto. Cuéntale cuán entusiasmada estás con tu compañía y sus productos.
6. Crea confianza.
7. Habla el lenguaje de ella. Capta sus palabras y repítelas.
8. Cree en tu producto y en ti misma y sé auténticamente amistosa y sincera.
9. Estás allí para resolver su problema. Adapta tu tono para adecuarte a sus necesidades.

10. Haz continuamente preguntas a las que ella tenga que contestar "sí". Esto creará una actitud de "sí".

Maximiza tu tiempo en el teléfono

No hay una herramienta más efectiva para las ventas que el teléfono correctamente usado.

Cómo conseguir más negocios por teléfono

1. Sonríe cuando hablas a un cliente por teléfono. El sonreír al hablar se reflejará en tu voz.
2. Préstale total atención a tu cliente.
3. Resuelve los puntos de la discusión antes de hacer la llamada.
4. Haz una lista de todos los clientes que vas a llamar, la fecha y sus números telefónicos.
5. Saca las tarjetas de tus clientes cuando los llames.
6. Toma nota a medida que hables.
7. Relájate, sé alegre, agradable y entusiasta.
8. Varía el tono de tu voz, mantenla baja.
9. El mejor momento para llamar es la mañana o al comenzar la noche. No llames después de las 9 p.m.
10. Cuando estás pidiendo una cita por teléfono, vende sólo la cita. No trates de hacer toda la venta. Sé buena oyente, sé cortés.

Cómo llevar los registros de ventas

Recuerda esta palabra: "ESCRÍBELO" en el momento en que sucede. Siempre pensamos que recordaremos las cosas, pero rara vez lo hacemos. Escribe todo de manera que puedas llevar registros exactos. Haz una copia al carbón de cada venta en un libro de facturas. Busca un sistema de registro de clientes que te funcione.

Expedientes de clientes

Crea tarjetas descriptivas de la clientela. En cada tarjeta registra su nombre, domicilio, teléfono, la suma de su última compra, la fecha de la compra y los productos seleccionados. **Esto te permite realizar un eficiente servicio.**

Lleva registros alfabéticos de tus clientes y un libro de facturas. Comienza desde el primer día. Cuanto mayor se vuelve tu negocio, mayor tu necesidad de mantener registros exactos. Estos registros también serán útiles para tu contador al final de cada año fiscal.

Los buenos registros te permiten:

- ❀ Servir eficientemente a tus clientes.
- ❀ Organizar tu tiempo y tu esfuerzo.
- ❀ Observar objetivamente tu trabajo.
- ❀ Analizar tus ventas y ver qué productos se están vendiendo bien.
- ❀ Llevar control de tus comisiones.
- ❀ Pensar en un enfoque diferente la próxima vez.

Al comienzo de cada mes, repasa tus contactos, las tarjetas de tus clientes, tu calendario de compromisos y calcula dónde necesitas invertir tu energía si quieres alcanzar tus metas. Elabora un programa que te permita cubrir eficientemente tu territorio, demostraciones, reuniones de contactos y ventas telefónicas.

Crea un plan de trabajo mensual. Al final de cada mes, suma tus ventas facturadas y evalúalo contra las metas que te fijaste.

La importancia de las reuniones
de ventas

Como nueva consultora, es vital **ir a tantas reuniones de ventas como sea posible**. Esto te permitirá aumentar tu conocimiento del producto, formar una relación más estrecha con la compañía y conocer a otras exitosas consultoras y gerentes de ventas directas.

En las reuniones también obtendrás:

- ❀ Motivación para desarrollar tu negocio.
- ❀ Inspiración de otros oradores y figuras-modelo.
- ❀ Una sensación de ímpetu para tu negocio.
- ❀ Recompensa y reconocimiento por tus logros.
- ❀ Noticias sobre seminarios de la compañía.
- ❀ Promociones especiales.
- ❀ Lanzamiento de nuevos productos.
- ❀ Un sentimiento de pertenecer a la compañía.

Aprovecha cualquier entrenamiento en ventas que se ofrezca. Escucha cintas, lee libros motivacionales, asiste a talleres y seminarios.

Participa tanto como puedas. Comparte tus problemas y **pide ayuda. Este es tu grupo de apoyo.** Tu líder está ahí para ayudarte.

Capítulo 9

El montaje del espectáculo

La vitrina de la oportunidad

Una vitrina de la oportunidad es una tarde en la que invitas a recién llegadas y a tu equipo para enterarse de tu negocio. Cuantas más personas puedas convocar, mejor. Esta es una tarde para los miembros del equipo, recién llegadas y prospectos potenciales. La sinergia crea y sostiene el ímpetu. Esta es la capacidad única de un todo de ser mayor que la suma de las partes individuales.

El futurólogo Buckminster Fuller trajo el concepto de sinergia a la conciencia popular. Cuantas más personas estén presentes en una vitrina de la oportunidad, tanto más entusiasmo y compromiso se genera. Es también un foro excelente para exaltar los productos de la compañía, su filosofía, y para compartir los éxitos de aquéllas que ya están en el negocio. A menudo esto puede ser mucho más poderoso para una nueva distribuidora potencial que una reunión individual. Esto añade una dimensión fortalecedora a tu negocio cuando es más importante: al comienzo. Ahora las personas podrán mirar a su alrededor y ver a otras que han constituido negocios. Esto les dará confianza en la compañía a los nuevos prospectos.

Los elementos de una buena vitrina

Una buena vitrina es una obra de arte pero hay muchos ingredientes básicos que debe contener toda vitrina.

* ❀ Elige un lugar de reunión cotizado, un hotel o salón de recepciones.
* ❀ Asegúrate de que haya un estacionamiento cercano, seguro y cómodo.

❀ Crea un área de recepción para recibir a cada persona al llegar.

❀ Dale a cada persona una identificación, un color para los miembros actuales y otro para las recién llegadas. Esto les permitirá a las recién llegadas acercarse a las personas experimentadas.

❀ Emplea música vivaz. Da un gran tono a la tarde.

❀ Crea una exhibición completa y atractiva del producto. Usa elementos de escenografía y asegúrate de que la exhibición llame la atención y sea visualmente impactante.

❀ Pon menos sillas de las necesarias. Esto hace que el salón parezca lleno y da la sensación de que han aparecido más personas de las esperadas. Ten sillas adicionales apiladas para las invitadas adicionales.

❀ Comienza y termina puntualmente.

❀ Limita la parte formal de la tarde a menos de una hora.

❀ Mantén el nivel de energía.

❀ Después sirve bebidas tales como té, café y jugo y estimula a las invitadas a permanecer, incorporarse y hacer preguntas.

Formato

1. Haz la presentación y da la bienvenida a todas. Elige un primer orador que tenga considerable calidez, energía y entusiasmo. El orador debe cubrir elementos básicos de la oportunidad comercial, incluyendo la filosofía, productos y plan de comercialización de la compañía. NO ENTRES EN DETALLES SOBRE NINGUNA DE ESTAS ÁREAS. Las recién llegadas no recordarán. Más bien, crea curiosidad, excitación y da una visión general.

111

2. Cada vez que sea posible, emplea **historias y anéc-dotas** que sean relevantes. Dales información concreta tales como el tamaño de la compañía, número de distribuidoras, eficiencia de la compañía. Pinta un cuadro de seguridad, estabilidad, y haz que se sientan cómodas con la compañía.

3. Invita a un cierto número de distribuidoras exitosas a que cuenten sus experiencias. No comiences con quienes vuelan alto. Comienza con alguien que ha alcanzado un pequeño éxito y avanza hacia los mega-éxitos. Esto permite que las recién llegadas no se sientan intimidadas. Pueden identificarse primero con logros pequeños y se dirán a sí mismas, "**Yo puedo hacer esto**. No es tan difícil". **Usa cerca del final a las líderes de ventas inspiradoras.** Esta es una técnica mucho más efectiva. También deja a los nuevos prospectos con una sensación de estímulo y colmadas de posibilidades. **La gente adora las historias de éxitos.**

4. PERMITE LAS PREGUNTAS. He descubierto que un ejercicio muy útil para las preguntas es crear una media docena yo misma y entregarlas antes del comienzo de la reunión. Numero las preguntas y me aseguro de que la última pregunta tenga respuestas que dejen a la audiencia en ascuas. Esto cumple dos funciones. Primero, aleja los sentimientos incómodos en un grupo cuando nadie tiene el coraje de hacer la primera pregunta. Una vez que ruedan las primeras preguntas, la audiencia se relaja y comienza a generar sus propias preguntas. También te permite mantener el control del proceso hasta el final. Concluye con un agradecimiento y con los detalles de la próxima vitrina de oportunidad, de cualesquiera sesiones especiales de entrenamiento y una invitación de hablar con mayor profundidad posteriormente.

5. **Mantén en alto la energía.** Cierra la reunión antes de que hayan tenido suficiente. Vuelve a poner música e invita a todas a quedarse para tomar algo.

Muestras comerciales, exposiciones

En la venta directa, tu propósito es expandir la base de tu clientela y reclutar más vendedoras. Necesitas ampliar tu círculo de influencia. Una de las formas de hacerlo es volverte más visible. Muchas compañías de venta directa hacen poca o ninguna publicidad en los medios masivos. Comentarios, referencias, reuniones y vitrinas se convierten en los vehículos para extender la esfera de influencia.

Puedes crear oportunidades para ti al participar en eventos en los que puedes conseguir una mayor exposición para ti misma y tus productos a una gama más amplia de personas. Elige un lugar donde puedas atraer a personas que necesitarán tus productos.

Estos son algunos ejemplos:

- ❀ **Asociaciones escolares de padres y maestros**
  - enciclopedias, libros infantiles, juguetes
  y ropa para niños.
- ❀ **Carnavales escolares** - lo mismo que en el anterior.
- ❀ **Ferias agrícolas** - productos nutricionales,
  productos para la casa.
- ❀ **Clubes sociales de las corporaciones**
  - cosméticos, joyería.

Investiga en la oficina central de la compañía antes de embarcarte en exposiciones comerciales externas. Si tu proyecto está dentro de la cultura de la corporación, te apoyarán con folletos, material de exhibición extra y elementos de montaje de la compañía.

Con todos estos medios, la vitrina, la reunión y una exhibición pública, el propósito es llegar a una audiencia mayor, llevar tu producto a su conocimiento y expandir tu mercado.

Diversión en las reuniones

Helen Bruveris ha escrito la guía definitiva para un plan de venta en reuniones. Se llama "Tu camino a la prosperidad a través de reuniones". Para un relato detallado de cómo hacerlo, el libro de Helen es invaluable. La mayoría de las compañías de venta directa tienen una forma de reuniones de venta como parte de sus tácticas de mercadeo directo.

En la empresa de Mary Kay hablan de una clase de cuidado de la piel. En Nutri-Metics y Tupperware tienen una **demostración**, en Yves Rocher es una demostración de cuidado de la piel y en Jigsaw tienen una **Charla.**

En la mayoría de los casos el concepto es similar pero con un enfoque diferente. La reunión o demostración sirve para tres propósitos. El primer objetivo es vender el producto a las mujeres que asisten. El segundo es reservar **más reuniones con las personas del grupo**, y el tercero es **ofrecer la oportunidad del negocio** a cualquiera de las presentes.

Tener una reunión puede ser una experiencia divertida para todas las que asisten. El éxito de la reunión dependerá sobre todo de la organización y de la forma en que tu, como la consultora, dirijas tu reunión.

114

Preparación

❀ La organización y la planeación son vitales.
❀ Prepara tu material de exhibición y tus productos con anterioridad.
❀ Cuando comiences a organizar reuniones, anota los puntos claves de tu presentación en un resumen escrito. Ponlo en una carpeta.
❀ Confirma con tu anfitriona que ha hecho las invitaciones unos días antes del evento.

La tarde de la reunión

❀ Luce elegante, bien acicalada; ponte algo con lo que te sea fácil moverte.
❀ Llega a la casa de la anfitriona por lo menos 20 minutos antes de la hora para instalar tu exhibición de productos.
❀ Elige un espacio bien iluminado para poner tu exhibición. Arregla los asientos cerca.
❀ Revisa que tus ayudas visuales estén a la mano.
❀ Pídele a la anfitriona los nombres y domicilios de las invitadas.
❀ Da la bienvenida a las invitadas e inicia conversaciones con ellas cuando comiencen a llegar. Dale a cada una identificación.

Comienza la reunión

1. Atrapa la atención de tu audiencia.
2. Que la anfitriona te presente, pues las invitadas son sus amigas.
3. Haz algo para romper el hielo antes de lanzarte a la presentación del producto.

4. Comparte una historia, haz un juego e ilumina la atmósfera con una anécdota humorística.

5. **La presentación**

❀ Agradece a la anfitriona y explica los incentivos y regalos para ella.

❀ Presenta a tu compañía. Haz una breve historia de la compañía, explica su filosofía y describe su plan de mercadeo. Esto les da a las clientes una sensación de seguridad sobre la reputación de la compañía.

❀ Demuestra los productos.

❀ Describe los beneficios de cada producto.

❀ Invita a las participantes a examinar y probar los productos.

❀ Bosqueja los procedimientos de entrega y pago.

❀ Explica cómo usar los formatos de pedido.

❀ Destaca cualquier promoción especial.

❀ Vende la idea de una reunión con la descripción de los regalos para la anfitriona.

❀ Describe la oportunidad que ofrece el negocio.

❀ Hacia el final del periodo de descanso reúne los formatos de pedido. Esto les da a las mujeres una oportunidad de charlar sobre sus compras. Puedes conversar con cada mujer una por una, ofrecer ayuda y consejo y mayor conocimiento del producto. **La oportunidad de ingresar al negocio es el producto más valioso que puedes ayudar a la gente a comprar.**

Asegúrate de que puedes variar tu tono de ventas. Durante los comentarios finales de una reunión de demostración, se invita a las clientes a que piensen en la

116

perspectiva de tener una reunión. La oportunidad del negocio en sí debe ser el producto más fácil de vender. Como dice Helen Bruveris: "Estás ofreciendo la seguridad del autoempleo, el goce de conocer a muchas personas nuevas y de divertirse en el trabajo".

Tomando los pedidos

El momento de la compra es cuando tu capacidad de venta creativa será puesta a prueba. Si has presentado tus productos con conocimiento y entusiasmo tus invitadas disfrutarán comprándolos.

Primero fija tus reuniones

Pregúntales a todas si les gustaría una reunión y anota a las que dicen que sí. Ofrece dos fechas a elegir y sugiere que se fije una fecha tentativa. Haz que la anoten en sus agendas.

Invítalas a que hablen sobre la oportunidad en entrar al negocio. Comparte con ellas tu estilo de vida y éxito en los negocios para concentrarte en la ventaja de trabajar en su propio tiempo.

Vende la línea

La atmósfera relajada de una casa y la dinámica de grupo son extremadamente conducentes a comprar. Necesitas ser **positiva, entusiasta y conocedora** cuando se trata de los productos. Una discusión sobre lo que eligió tu cliente indica que estás interesada en ellas. Incluye un premio final como "regalo" adicional. Entrega los formularios pedido. Explica cuidadosamente cómo se llenan. Comenta las condiciones de pago y las fechas de entrega.

La hora de descanso

Debe tener lugar después de que se hayan hecho los pedidos. Haz que la anfitriona conozca la agenda de la reunión y dale una idea de la hora en que quieres que sirva el café o el té. Si las invitadas deciden continuar la reunión, puedes excusarte discretamente. No tienes que ser la última en partir. Agradéceles a todas por haber ido e indica que te pondrás en contacto con ellas nuevamente.

El formato de la reunión

Llega 20 a 30 minutos antes de la hora de inicio.

Preparación	Monta tu exhibición
Tiempo:	Organiza tus folletos
20 minutos:	Habla con la anfitriona sobre las bebidas
	Recibe a las invitadas a medida que llegan
Presentación	Da una visión breve de la filosofía de la compañía
Tiempo:	Entrega folletos
30 minutos:	Presenta los incentivos para la anfitriona
	Demuestra los productos
Compras	Invita a las asistentes a ser anfitrionas de su propia reunión
Tiempo:	Discute la oportunidad que ofrece el negocio

30 minutos:	Ayuda a las invitadas a llenar los pedidos
	Explica los procedimientos de entrega
	y pago

Descanso	Sirve las bebidas
Tiempo:	Finaliza los pedidos
30 minutos:	Confirma las fechas de las futuras
	reuniones
	Haz los arreglos de entregas y pagos
	con la anfitriona.

Presenta tu reunión con confianza y serenidad. Después de hacer algunas reuniones te sentirás más cómoda con el ritmo y con la cantidad de tiempo reservada para cada sección. Una hora y media es tiempo suficiente para la presentación, las compras y el descanso. Para tu propio margen de tiempo añade 30 minutos de tiempo de preparación y de viaje hacia y desde el lugar de reunión.

Se presentará una situación similar en una demostración de belleza o en una clase de cuidado de la piel. Asegúrate de que todas se divierten y que regresen a casa felices con sus compras. **La mayoría de las compañías de venta directa ofrecen una garantía de devolución del dinero que le inspira confianza al cliente.** El objeto es usar la reunión como un escenario de venta efectivo para crear clientes a largo plazo.

Muchas mujeres jamás han sido invitadas a una reunión de venta directa. Por lo tanto, el potencial es enorme. Con muchas mujeres trabajando tiempo completo, su tiempo para comprar se reduce considerablemente. Una reunión combina una tarea con una agradable actividad social.

119

Beneficios de la reunión
como instrumento de mercadeo

Para la consultora

* La posibilidad de conocer nuevas personas, expandiendo tu círculo de influencia.
* Más rápido que hacer presentaciones individuales.
* Más ventas generadas por la sinergia del grupo.
* Las personas pueden resistirse a ir de compras, pero comprarán en el ambiente relajado creado en una reunión.

Para la anfitriona

* Un regalo de incentivo.
* Algunas compañías ofrecen a la anfitriona un porcentaje de las ventas.

Para las invitadas

* Servicio, facilidad de compra y de entrega.
* Facilidad para conocer productos y una oportunidad potencial de entrar al negocio.
* Una experiencia agradable:
* Posibilidad de hacer nuevas amistades.
* La posibilidad de convertirse en anfitriona.

Capítulo 10

El poder de compartir

Poder de compartir

La venta directa es un negocio de personas. Crece a través del **poder de compartir** la oportunidad del negocio. En lugar de esconder tu oportunidad de negocio, tienes que esforzarte exponiéndola y compartiéndola. Tienes una línea de productos, tienes un plan de mercadeo a seguir y un sistema de apoyo. Todo lo que tienes que hacer es extender la oportunidad a otras mujeres que podrían estar abiertas, dispuestas y necesitadas de un ingreso extra. Como hemos dicho antes, las mujeres se incorporan a este negocio por muchas razones diferentes y a diferentes niveles de motivación, dependiendo de sus necesidades. Todo lo que tienes que hacer es ofrecerte a patrocinarlas. Muéstrales la oportunidad. Quizá no sean receptivas hoy o mañana, pero las circunstancias cambian y podrían volver a buscarte cuando cambien sus necesidades.

El patrocinio

Patrocinar es el proceso de compartir la oportunidad que alguien más compartió contigo. Patrocinar es la sangre de tu negocio. Tu negocio necesita dos dimensiones. Una es vender el producto y la otra es reclutar a otras para que vendan el producto.

Puedes comenzar a construir tu propio negocio por medio del patrocinio, pues cada reclutamiento personal proporciona el potencial para ganancias extra en tu red.

La formación del equipo es tu camino para desarrollar un verdadero negocio donde puedes hacer rendir más tu tiempo. Cuanto más patrocines, tanto más puedes entrenar y mayor será tu capacidad de ganancia. Tu capacidad personal para patrocinar es tu mejor garantía de éxito. Una vez que estás patrocinando activamente, puedes animar a tu equipo a hacer lo mismo. Dirige con el ejemplo. Prepárate siempre a compartir la oportunidad con alguien.

¿Por qué patrocinar?

Si dependes solamente de tus ventas personales siempre estarás limitada por tus propias restricciones de tiempo. Sin importar cuán efectiva seas, ya que sólo puedes hacer una cierta cantidad de ventas personales. Sin embargo, si formas un equipo, puedes aumentar tu poder de ganancia y tu esfera de influencia. Tu negocio adquirirá energía, ímpetu, se convertirá en un centro de actividad, lo que a su vez es motivador y estimulante.

Tus metas personales, adquirir un auto de la compañía, viajar para asistir a seminarios y otros incentivos dependen del desempeño de tu equipo así como de tus ventas personales. Cuanto más pronto aprendas a patrocinar, más pronto podrás convertir esas metas en realidad para ti misma.

Asegúrate de dejar cada semana el tiempo para hacer el seguimiento de reclutas potenciales. Organiza entrevistas de patrocinio. Haz tiempo para entrenar a nuevas consultoras. Analiza tus esquemas de trabajo. Asegúrate de que inviertes una parte sustancial de tu tiempo en patrocinar actividades y en construir una red.

Creación de redes

Duplicación viene de la palabra latina *duplicare* que significa doblar. La posibilidad de crecer en el negocio de la venta directa viene de la duplicación. Uno se convierte en dos, dos se dobla a cuatro, cuatro a ocho, ocho a 16, 16 a 32, 32 a 64, etcétera.

El crecimiento de tu negocio alcanzará un tamaño inimaginable si duplicas continuamente. Una patrocinadora, sin embargo, debe asumir responsabilidades por las personas que enrola, y entrenar, enseñar, nutrir y apoyarlas hasta que están en el camino al éxito.

Cómo patrocinar efectivamente

1. **Haz una lista de 100 nombres como mínimo**. Saca tu directorio telefónico personal, tu archivo de tarjetas comerciales y haz un listado. Piensa en las personas que has conocido a través de actividades profesionales y sociales, de la escuela de tus hijos. Aunque pienses que algunas de estas personas no estarán interesadas en tu oportunidad de hacer negocio, anótalas. No prejuzgues a la gente.

2. **Prioriza tu lista**. Selecciona personas de mucha energía. Elige personas positivas. Subraya en tu lista las personas de éxito.

3. **Toma el teléfono**. Llama a tus prospectos. Describe la razón de la llamada y acuerda una reunión. No trates de hacer una presentación por teléfono. Dale al prospecto la elección entre dos horarios convenientes y fija una cita.

4. Una vez que has tenido tu reunión y compartido la oportunidad, necesitas acordar un momento para una **llamada de seguimiento**. Mantenerte en contacto es tu mejor probabilidad de éxito.

Tu nueva recluta primero sentirá alborozo, excitación y estará muy entusiasmada. Le contará a alguien de la familia y a sus amigas acerca del negocio. Algunas de las personas a quienes les cuente quizá siembren en su mente las semillas de la duda. Podrían ser escépticas al respecto, podrían reírse del negocio. Esta sombra de duda podría hacerla renunciar aun antes de comenzar.

Protege a tu recluta

Reclutar nuevos prospectos cuesta dinero, tiempo y esfuerzo. En las primeras 72 horas después de patrocinar a una nueva distribuidora, te corresponde a ti proteger tu inversión.

❀ Asegúrate de llamar a tu nueva recluta algunas veces en las primeras 72 horas.

❀ Prepara a la distribuidora para algunas reacciones negativas comunes que podría encontrar en observadores escépticos.

❀ Provee a la nueva distribuidora de algún material motivacional positivo.

❀ Cuando reclutes, no pintes un cuadro demasiado rosa.

❀ Sé sensata y realista en relación con la cantidad que se puede ganar.

❀ Acude con tu distribuidora a hacer su primera presentación.

❀ Dale a la nueva distribuidora técnicas de venta y reclutamiento específicas.

Graeme Spry es uno de los expertos en patrocinio más destacados en Australia. Dice que patrocinar es enseñar, entrenar, asesorar, duplicar.

"Debemos llegar a tener éxito en el patrocinio para construir una red efectiva. No permitas que tu nueva distribuidora patrocine sola. Cuando sea posible, entrevístate con el nuevo prospecto sobre una base de dos-auno, lo que eliminará el 90 por ciento de los fracasos en el patrocinio, siempre que tusepas qué es lo que quieres hacer".

Algunos de los otros principios de Graeme son:

❀ Aprende a **mostrar tu plan de mercadeo en cinco minutos**. Nada de presentaciones de dos horas.

❀ Aprende a enseñar, cómo explicar la venta directa en una forma comprensible, estimulante y creíble (en menos de dos minutos).

❀ Aprende y enseña la destreza de escuchar. "¿Cuánto cuesta ingresar?" No estás oyendo una pregunta que exige una respuesta en términos de pesos. Estás oyendo "Tengo poco dinero".

❀ Descubre por qué tu prospecto debería participar.

❀ ¿Cuáles son las percepciones, necesidades y deseos de tu prospecto?

❀ Aprende las palabras que "cierran" a una cantidad de prospectos, tales como venta de puerta en puerta y pirámide, y cómo manejarlas.

Qué significa ser una patrocinadora

Una patrocinadora exitosa se ofrece a ayudar a una nueva recluta a poner en movimiento su negocio. Necesitas compartir tu tiempo, tu talento, tu experiencia y tu conocimiento. Eres al mismo tiempo mentora y figura modelo. **Como primer paso en el proceso, anima a tu nueva recluta a usar y conocer los productos de la compañía**. Encontrarás reclutas que adoptan una actitud negativa, con comentarios como: "No puedo encontrar el tiempo para empezar" o "Me falta confianza para empezar".

Nos volvemos exitosas cuando alejamos las excusas. La indecisión y el aplazamiento son los dos peores enemigos. Estimula a tu nueva recluta para que comience AHORA. He escrito más sobre el desarrollo de un equipo en el capítulo sobre liderazgo. "Conduce tu equipo al éxito".

Qué significa crear una red

Una vez que comiences el seguimiento de los 100 prospectos de tu lista, descubrirás que algunas usarán tus productos, algunas aprovecharán la oportunidad y otras declinarán ambas cosas. Sin embargo, algunas te enviarán a algunas de sus amigas. Estas serán desconocidas que jamás has visto antes.

Hablarle a desconocidos

¿Por qué la idea de hablar con desconocidos asusta a tanta gente? Advertimos a los niños, de manera protectora, que no hablen con extraños. Como adultos en ambientes seguros, esa precaución ya no es válida.

Los contactos más sorprendentes que he hecho se han derivado de hablar con desconocidos. No siguieron siendo desconocidos por mucho tiempo. Haz amigos entre los desconocidos en los tiempos de espera:

❀ En los bancos, supermercados y correos.
❀ Elevadores, trenes, autobuses y salas de espera.

Hacer amistades

Me gustaría recomendar "Haciendo amigos: una guía para llevarse bien con la gente", de Andrew Mathews. Nos dice que si quieres amistad debes ser una amiga primero. También habla sobre disfrutar a la gente. Es un libro ligero, fácil de leer. Al formar un negocio se trata de hacer amigos, construir un equipo y llevarse bien con la gente.

Como dijo John Kalench: "La manera de garantizar el éxito en este negocio es hablarle a más y más personas. Cuando haces un hábito de convertir a los extraños en amigos, ganar dinero se te convertirá en hábito. Haz un juego de hablar con extraños. Te garantizo que te divertirás mucho y, más importante, hasta habrás **hecho del mundo tu ostra**".

La creación de contactos

Para promover mi primer libro, "Hay un lápiz labial en mi portafolios", hice un viaje dando conferencias por toda Australia. Comencé en Perth y terminé en Tasmania. Visité más de 25 ciudades en el país y hablé a más de 10 000 mujeres. Para encontrar grupos de mujeres necesité utilizar de manera efectiva el proceso de creación de redes y hacer el seguimiento de contactos de manera activa. Conocí a muchas mujeres en la industria de la venta directa. **La venta directa es la red en acción. La red es el método más efectivo de compartir una oportunidad.** También descubrí diferentes grupos, sociedades y organizaciones de mujeres que se reúnen regularmente.

La oportunidad para hacer contactos existe en cada momento de tu vida cotidiana. Puedes conocer a otras mujeres por medio de las escuelas de tus hijos, organizaciones altruistas, clubes profesionales, actividades deportivas, servicios religiosos y en el transcurso de hacer tus compras, estar en la peluquería etcétera.

La apertura para conocer gente y hacer nuevos contactos no sólo enriquecerá tu vida personal sino que también te dará un banco continuo de nuevas mujeres a quienes le puedes vender tus productos, con quienes compartir la oportunidad o simplemente ser amigas.

No tengas miedo de acercarte a la gente. Todo lo que se necesita es una sonrisa, una frase inicial y un poco de charla ligera para establecer la relación. Lleva tus tarjetas comerciales a todas partes. Recuerda que no le estás quitando algo a nadie, estás compartiendo una oportunidad. Podrías pensar que todas las personas que encuentras están conscientes de las compañías de venta directa y de tu producto en particular. Sin embargo, no es así y muchas personas recibirán con agrado la información que compartas.

Aprende a ser tu propio agente de relaciones públicas

Cuando estás sola en los negocios, como es el caso de la venta directa, es importante que seas proactiva, que tomes la iniciativa y que hagas suceder las cosas tu misma. No puedes sentarte detrás de tu escritorio y hacer que suene el teléfono. En la venta directa necesitas hacer contactos con la gente activamente para organizar tus demostraciones. Si estás en el negocio de los cosméticos, ofréceles un facial. Hazte notable al compartir con otras lo que haces.

Haz una lista de personas que ya conoces
- ❀ Amigos
- ❀ Contactos deportivos
- ❀ Peluquera
- ❀ Familia
- ❀ Amigos de tu marido
- ❀ Empleados de oficina

- ❀ Recepcionistas
- ❀ Clubes, clases
- ❀ Vecinos
- ❀ Las madres de los amigos de tus hijos

Véndete a ti misma

En el negocio de la venta directa **primero te vendes a ti misma, después a tu compañía y después tu producto.** Las personas te comprarán si les gustas. Ser tu propio agente de (RP) significa que necesitas representar el personaje en todo momento, tener la agenda y tus tarjetas comerciales a la mano y estar siempre alerta a las oportunidades. Una estrategia muy buena para llamar la atención para tu producto es ofrecer un regalo como premio de despedida en actos, sorteos y como parte de otras promociones. Las "promociones cruzadas" son una manera excelente de adquirir mayor notoriedad. Publica avisos en boletines de bajo costo dirigidos a tu mercado-objetivo.

Organizaciones útiles para crear redes

- ❀ Clubes privados
- ❀ Clubes políticos
- ❀ Grupos de mujeres ejecutivas
- ❀ Asociación de mujeres profesionales
- ❀ Clubes femeninos
- ❀ Cursos de autodesarrollo
- ❀ Asociaciones de vendedores
- ❀ Organizaciones de entrenamiento y comunicación

Creación efectiva de redes

- ❀ Ten siempre accesible tu tarjeta comercial.

❀ Haz el seguimiento de cada contacto con una llamada telefónica en el curso de la semana.

❀ Pide siempre la tarjeta de la otra persona.

❀ Si no tiene una tarjeta disponible, ten una pluma para anotar los números telefónicos.

❀ No te confíes en tu memoria, escribe los detalles.

❀ Maximiza tu presencia en cualquier acto. Aprende el arte de unirte a la gente.

❀ Haz preguntas abiertas.

❀ Lleva contigo folletos de tu producto. Sé una propaganda caminante de tu negocio.

❀ Asiste a los actos de la compañía.

❀ Usa botones con mensajes; p.ej., el de Herbalife, "Si quieres perder peso, pregúntame cómo".

❀ Crea tarjetas comerciales interesantes.

❀ Usa tarjetas, etiquetas, imanes para el refrigerador, con tu mensaje impreso en ellos.

Modelos de comportamiento

El negocio de la venta directa tiene una cualidad única: la facilidad integrada de aprender de modelos. En cualquier punto que comiences, habrá alguien más adelantada en el camino. Puedes aprender de esa persona y ella te apoyará en tus esfuerzos. Incubar tu negocio, enseñarte las cosas básicas y apoyarte de manera activa será de interés para tu líder. Verás ejemplos vivos de realizadoras exitosas. Aplica algunos de sus métodos, combinándolos con tu propia persona, destreza y experiencia.

Capítulo 11

Conduce tu equipo al éxito

La dirección de las personas

El negocio de la venta directa no sólo trata acerca de vender y compartir la oportunidad. Se trata esencialmente de dirección a múltiples niveles. Necesitamos convertirnos en grandes administradoras, maravillosas líderes de equipo y modelos inspiradores. No todas hemos nacido con las destrezas necesarias para dirigir un equipo aunque haya mucho que podemos aprender y aplicar. En este negocio no tiene caso ser una abeja reina y guardar todo el atractivo, el brillo y la gloria para ti misma. Es un negocio en el que hay que compartir. Una buena líder tiene una sólida conciencia de su propia posición y no se siente amenazada o insegura por delegar o compartir el poder. El negocio de la venta directa es un negocio de personas. Una compañía es sólo tan buena como buena sea su gente.

Construir un negocio de venta directa es tan elemental como construir un equipo. Los líderes exitosos saben cómo crear un equipo leal, entusiasta y motivado. Hablé con uno de los grandes formadores de equipos de Australia en el campo de las ventas directas, **John Nevin**. Durante muchos años John fue director ejecutivo de World Books. Su fuerza consistía en inspirar, enseñar y apoyar a los vendedores. Compartió conmigo algunos de sus secretos especiales.

Ámalas a morir

John Nevin cree que necesitas tratar a tu equipo de ventas como si fuera tu familia. Necesitas estar con ellas en cuerpo, mente y espíritu. Necesitas reír con ellas, llorar con ellas, sudar con ellas, quedarte toda la noche, trabajar en el campo y pasar tiempo real y tangible con ellas.

Subraya que no hay atajos. **Un líder dirige con el ejemplo**. John no cree que se pueda ser un modelo de sillón. No puedes decirles cómo vender. **Necesitas mostrarlo con el ejemplo**. También tiene la idea de que la líder necesita **estar apasionada** por su negocio. Esto es lo que un equipo puede emular y asimilar. Él no cree que sólo el dinero motive a la gente. La gente trabaja por muchas razones, de las que el dinero es sólo una. Quieren sentirse parte de algo y quieren lograr una identidad. Quieren la sensación de pertenecer a algo.

Si entiendes la razón por la que trabajan las personas esto hace más eficaz la dirección de las mismas. Hazlas sentirse **especiales**. Recuerda los cumpleaños, los aniversarios, y celebra las ocasiones especiales enviándoles tarjetas y regalos. Todos estamos luchando por el reconocimiento y la identidad. Asegúrate de tener un buen sistema de recompensas.

Secretos para contruir un equipo

- ❀ Ámalas a morir.
- ❀ Trátalas como si fueran tu familia.
- ❀ Sin secretos, comunícate plenamente.
- ❀ Política de puertas abiertas, escucha, mantente accesible.
- ❀ Pasa tiempo con el equipo.
- ❀ Recompénsalas públicamente.
- ❀ No critiques a tu equipo.
- ❀ Muestra comprensión.
- ❀ Mantén normas éticas.
- ❀ Diviértete con tu equipo.
- ❀ Organiza juntas frecuentes.
- ❀ Dirige desde el frente.

❀ Enséñales con el ejemplo.
❀ Hazlas sentirse especiales.
❀ Da retroalimentación positiva.

Las claves del liderazgo

John Nevin también cree que para que un equipo sea sano necesita operar en un sistema de comunicación abierta. Secretos, rencillas internas y política tienen un efecto negativo en la moral del equipo. Ten muchas discusiones abiertas. Él subrayó la necesidad de frecuentes reuniones del grupo para hablar de nuevos productos, promociones y enfoques de ventas innovadores. El entrenamiento diario y las juntas diarias son una excelente manera de mantener el ímpetu. Diviértete con tu equipo. Haz que el trabajo parezca juego.

❀ La dirección fluye del liderazgo.
❀ Entrena a tus gerentes para que sean líderes.
❀ Dales a tus vendedoras información sobre el producto.
❀ Nutre a tu equipo.
❀ Enséñales a fijar metas.
❀ Logra continuamente tus propias metas.
❀ Comparte tus metas con ellas.
❀ Estimúlalas con material actualizado, libros, cintas, conferencias, cursos, etcétera.

Dramatiza

Los grandes líderes tienen la capacidad innata de **comunicarse por medio de las acciones** más que por las palabras. Dramatizan.

Dramatiza tu mensaje. Usa la representación de papeles, demostraciones, actúa ejemplos de la vida real. Los negocios no sólo tratan de hechos. Consisten en **emoción, cuidado y pasión**. Tratan de personas. Tu equipo quiere sentirse inspirado en ti. Cuanto mejor seas como modelo, más eficaz serás como líder. La gente confía en los buenos líderes cuando percibe que son reales, no fachadas.

Cómo ser una buena líder

Los directivos eficaces saben cómo manejarse a sí mismos primero, de manera que las personas con las que trabajan y su organización pueden beneficiarse con su presencia.

Una de las cualidades más grandes de los buenos líderes es su habilidad para delegar. Para delegar eficazmente, asegúrate de planear cada día con una imagen clara de lo que hay que lograr, y comunícaselo a tu equipo. Esta planeación debe ser semanal, mensual y anual, así como parte de un esquema general.

Las características de un buen líder	**Demuestra**:
❀ Mantener la serenidad en una crisis.	✓ Coraje.
❀ Representar el papel.	✓ Lealtad.
❀ Delegar eficientemente.	✓ Integridad.
❀ Mantener feliz a tu equipo.	✓ Sabiduría.
❀ Tomar la iniciativa.	✓ Buenos valores.

Mantener la serenidad en una crisis

Cuando hay crisis en el negocio, no muestres pánico ni te sobreexcites. Actúa serena, con lógica. Esta autodisciplina, en términos de expresión emocional, es un instrumento valioso.

Hazte preguntas para descubrir el alcance de una crisis. ¿Cómo afectará tu rentabilidad? ¿Qué pasos puedes dar para minimizar el impacto del problema?

Representar el papel

❀ Te vistes de acuerdo con el papel no sólo para la impresión exterior sino para tu propio equipo. Tendrán confianza en ti si sienten que controlas tu imagen. **Parte de representar el papel es actuar el papel.**

❀ No lleves tus problemas personales y emocionales a la relación con tu equipo. Es vital que cuando te comuniques con ellas estés serena, calmada y compuesta. Haz a un lado cualquier drama personal. Esta actitud tiene más de un beneficio:

❀ Actúa como terapia personal, dándote un descanso de cualquier problema que tengas en tu vida.

❀ Tu equipo se sentirá seguro cuando te presentes con un exterior sereno.

❀ Busca a otras personas para compartir con ellas tus problemas emocionales.

Ser una mujer líder

Una mujer puede aportar cualidades especiales a su papel de líder.

❀ Puede usar sus capacidades maternales para mejorar las relaciones con un equipo. Necesita ser sensible a cualquier conflicto interpersonal dentro del equipo y prever los choques de personalidad.

❀ Puede mostrar una actitud de interés al escuchar a su equipo y sugerir soluciones realistas.

❀ Puede usar la intuición y la percepción para captar los problemas. También simpatiza con las necesidades de la mujer que trabaja.

❀ Es más cautelosa de las políticas dentro de un equipo y generalmente es práctica para resolver problemas. A la mayoría de las mujeres le disgusta las juntas o el papeleo innecesario, pues necesitan hacer frente al trabajo que tienen en las manos y usar el tiempo eficientemente.

❀ Se comunica con eficacia, expresa más verbalmente y en general, está más en contacto con sus propios sentimientos.

❀ Actúa como modelo.

❀ Si no te sientes cómoda con el papel de líder desde el comienzo, actúa tu papel. Al hacerlo, te sentirás más cómoda en él.

Las mujeres pueden ser duras y tiernas

El gerente eficaz combina lo mejor de los puntos fuertes masculino y femenino. Las mujeres pueden ser duras y tiernas, antagonistas y cooperativas. Al combinar tales cualidades las mujeres necesitan asimilar a su estilo algunas de las tradicionales cualidades gerenciales masculinas, como las siguientes:

❀ Tomar riesgos - Las mujeres necesitan ser más arriesgadas, probando nuevos caminos con nuevos estilos de liderazgo. Las mujeres necesitan desarrollar un mayor control de sus propias emociones. Deben estar bien preparadas y mostrarse competentes y seguras.

❀ Las mujeres necesitan aceptar la responsabilidad y la toma de decisiones como parte integral de sus vidas.

❀ Las mujeres necesitan ser más objetivas y estar orientadas hacia el trabajo.

❀ Las mujeres deben abandonar su necesidad de perfeccionismo.

❀ En los asuntos de negocios y personales, necesitas saber cuándo puedes dejar tu corazón al descubierto. Se necesita un enfoque más prudente para mostrar tu alma. Una líder debe guardar distancias.

Motivar a los demás

Mary Kay, la fundadora de los cosméticos Mary Kay, es una de las más grandes motivadoras del mundo. Cree en los principios de integridad y honestidad. Sostiene que si la empresa tiene un plan profesional de mercadeo, buenos productos y un interesante programa de remuneraciones e incentivos, todos pueden ser triunfadores.

Mary Kay dice a menudo en su libro, **"la velocidad del líder es la velocidad de la banda"**. Dice que la gente siempre se resiste al cambio porque la hace sentir insegura. Si como líder incluyes a tu equipo en la toma de decisiones, te brindarán más apoyo. Las personas apoyan lo que ayudan a crear.

"Ayuda a las demás personas a conseguir lo que quieren y tu conseguirás lo que quieres", dice Mary Kay. **"Yo quería crear una compañía que les diera a las mujeres una oportunidad de lograr cualquier cosa que fueran lo bastante inteligentes como para hacer"**.

Cada directora de ventas debería estar animando a cada mujer de su equipo para que triunfe. Nadie tiene miedo de que alguien más la supere en desempeño, que es generalmente el caso en la vida corporativa. Cuanto más ayudes a tu equipo a subir la escalera del éxito, tanto más triunfarás.

Sé una persona esforzada

Citando de nuevo a Mary Kay: **"Las ideas valen diez centavos la docena, pero los hombres y mujeres que las concretan son invaluables"**.

- ❀ Escucha sus problemas.
- ❀ Esfuérzate para dar soluciones inmediatas a los problemas.
- ❀ Cultiva la confianza.
- ❀ Jamás hagas una promesa que no puedes cumplir.
- ❀ Asegúrate de realizar tus intenciones.
- ❀ No dejes tu correspondencia sin contestar.
- ❀ Antes de dejar hoy tu escritorio, escribe las 10 tareas más importantes para mañana. Tu lista te mantendrá en la senda.
- ❀ Anima a tu equipo a que escriba todo lo que requiere esfuerzo continuo. Una vez en el papel, se convierte en un compromiso tangible.
- ❀ Llama a las consultoras regularmente. Pregúntales cómo están y qué están haciendo.
- ❀ Llama regularmente a tus clientes para saber si los productos les están dando resultado.
- ❀ Haz tus tareas. Investiga bien un tema.
- ❀ Conoce al dedillo los datos y cifras.
- ❀ Los lunes son los mejores días para efectuar juntas de ventas.

No es necesariamente la persona con más talento la que sobresale, sino la persona con **mayor esfuerzo con-**

sistente. los verdaderos triunfadores son aquellos que persisten en todas las cosas, grandes y pequeñas.

Los objetivos básicos de una junta son:

❀ Motivar por medio del establecimiento de metas.
❀ Desarrollar habilidades.
❀ Compartir ideas y mantener una "lluvia de ideas".
❀ Resolver problemas creativamente.
❀ Ofrecer diversión y camaradería.
❀ Dar información, comunicación.
❀ Reconocer y recompensar los logros.

Pide que cada persona tome notas. Para dirigir la junta, debes ser puntual, entusiasta y asegurar que la discusión no se desvíe. Los temas irrelevantes pueden discutirse individualmente después de la junta. Escucha con atención y asegúrate de que cada una tenga la oportunidad de contribuir. Pon fin a tu junta haciendo un resumen de los puntos claves de la discusión.

Procedimiento

Dirigir una buena junta exige preparación, planeación detallada y buena organización.

Haz tu tarea

Tienes que vender ideas para ganar el apoyo de otros. Haz tu tarea previa para cada junta. Aparece con pensamientos, dichos y ejemplos para inspirar y motivar a tu grupo. Hazla memorable.

Sé organizada

Ten una agenda ordenada. Lleva notas, fechas, un calendario de actividades, resultados y procedimientos de la junta organizada.

Dales algo

Haz que tu junta sea algo para esperar con expectativa. Asegúrate siempre de que tienes alguna noticia especial de la compañía para estimular a tu equipo. Un producto nuevo, una promoción nueva o un seminario les hará sentir mucho interés.

Horario

El horario es importante. Mantén la junta dentro de un límite de tiempo fijo. No permitas que la parte formal exceda los 90 minutos.

Como líder

Es tu deber mantener alto el nivel de energía. Asegúrate de que no haya interrupciones frecuentes que hacen perder el foco de la junta. **Cantar canciones une a las personas**. Usa música y canciones, pues crean atmósfera y espíritu de equipo. Si alguien está deprimida, la **música levantará el espíritu**. No importa cómo te sientas, entra allí con una sonrisa. **Emplea el humor**. La verdadera prueba es entrar allí y actuar como si todo estuviera bien, cuando tienes verdaderos problemas personales. Una junta bien dirigida genera confianza en la habilidad de un líder. **El entusiasmo** se difunde como un incendio. Si un líder es entusiasta, esto es contagioso.

Demuestra un conocimiento profundo del producto. Como líder necesitas estar muy bien informada sobre el desarrollo de productos de tu compañía, ofertas especiales, promociones y precios.

Lugar de reunión

Cuando comienzas a ser gerente, quizá decidas tener las

juntas de ventas en tu casa. Tan pronto como tu grupo sea lo bastante grande, elige un lugar más formal. Esto le da una atmósfera más profesional a la junta. **Elige un lugar de buen gusto y clase.** Si puedes usar la sede de tu compañía será una gran ventaja. Si no, selecciona un lugar de reunión y establece una buena relación con el coordinador. Si las mujeres van a un lugar de reunión elegante, se sienten bien con respecto a su actividad.

Haz una buena exhibición

Tómate siempre la molestia de hacer que la sala de juntas se vea especial. Una exhibición de productos, flores y cualesquier otro toque que puedas agregar realzarán el efecto visual.

Refrescos

Me gusta la idea de servir los refrescos después. Crea una atmósfera sociable y hospitalaria. Té, café y galletas son suficientes.

Diseño

Diseña la junta para que tenga impacto. **Crea una apertura cálida, amistosa y excitante.** Asegúrate de que la parte media fluya con hechos, cifras, reconocimientos y recompensas. **Crea un cierre dramático y teatral.** Déjalas con algo inspirador que les dure toda la semana.

Juntas de ventas de los lunes

Tradicionalmente, la mayoría de las compañías de venta directa tiene juntas los lunes. Para muchas personas el lunes indica el final de un fin de semana despreocupado y el comienzo de una semana de trabajo. "Si la semana pasada no fue buena para ti, fue buena para alguien más. **Si tuviste una mala semana, necesitas la junta de ventas, si tuviste una buena semana, la junta de ventas te necesita a ti".**

Dice Mary Kay en su libro sobre "La dirección de personas": "He sido bendecida por un entusiasmo natural y esta cualidad es responsable de mi elevado nivel de energía. Amo lo que hago. Cada día presenta nuevas oportunidades de amar a cada mujer y estimularla para que triunfe".

Reconocimiento

El elogio simboliza reconocimiento. El reconocimiento y el respaldo positivo son motivadores poderosos. Elogia a la gente para que triunfe.

Incentivos

Los incentivos son un motivador muy poderoso. Viajes al exterior, seminarios, pequeños regalos y hasta los diplomas les dan a las personas la oportunidad de destacarse y ser reconocidas. Los pequeños éxitos pavimentan el camino hacia mayores éxitos.

Boletines

Se pueden usar boletines para elogiar a los individuos por sus logros y para hacer que las personas se sientan importantes. **A la gente le encanta ver su nombre impreso.** Un boletín te da la oportunidad de dar reconocimientos e información. Usa fotografías. Reconoce siempre la contribución de un esposo.

Personaliza

Personalizar el negocio hace que todas se sientan apreciadas.

Pertenencia

Dale a cada nueva directora o gerente un nombre para su equipo. Astrónomas, Deslumbradoras, Ardientes, son nombres divertidos y son fáciles de recordar y motivadores.

Delega parte de la junta

No trates de acaparar la junta. Pide a algunas de las consultoras que se hagan cargo de algunas secciones.

Gerencia de ventas

La gerencia de las ventas opera sobre muchos de los principios de la formación de equipos en general, con un foco ligeramente diferente. En una situación de ventas específica necesitas:

- ❀ Proporcionarle información sobre el producto a tu equipo de ventas.
- ❀ Asegurarte de que tu equipo tiene muestras y folletos.
- ❀ Impartir entrenamiento de campo e ir ocasionalmente con las vendedoras para observar su desempeño en ferias y reuniones.
- ❀ Ayudar a tu equipo a fijar metas realistas. Es fácil ejercer demasiada presión sobre ciertos individuos.

La venta directa es esencialmente un negocio orientado hacia la gente. El éxito de la líder depende del éxito personal de cada miembro del equipo. **Conduce a tu equipo al éxito y tuserás una triunfadora.**

146

Capítulo 12

La administración del tiempo

Filosofía para la planeación del tiempo

Cuando comencé a leer y analizar el tema de la planeación del tiempo, actuaba con la suposición de que estaba tratando con un conjunto de estrategias y técnicas. Cuando más profundamente investigaba, más me daba cuenta de que éste era un tópico muy profundo. Tiene sus raíces en nuestro sistema básico de valores, nuestras creencias, nuestras metas y nuestras prioridades.

Estaba bajo la impresión de que la administración del tiempo era un conjunto de técnicas que te permitían llegar a tiempo a las citas. Pero éste no es el propósito de la administración del tiempo. Tampoco tiene el propósito de amontonar tantas cosas como puedas en cada día. **La planeación del tiempo te enseña a ser eficaz.** Te permite pasar más parte de tu tiempo haciendo cosas que son de mayor valor, ya sea el trabajo, organizar un negocio, ser madre, amante o amiga, o simplemente tener tiempo para ser tu misma.

No hay manera de que puedas planear tu existencia cotidiana sin saber qué quieres alcanzar en tu vida. Primero define lo que quieres, lista tus prioridades y sólo entonces podrás dividir tu día en unidades gobernables.

Planea tu tiempo y estás planeando tu vida. Desperdicia tu tiempo y desperdicias tu vida.

Disfruta este momento

No tiene caso planear para el futuro si no vives el momento presente. La utilidad de planear es liberarte, de modo que puedas disfrutar el momento. La idea es que un poco de planeación te dará un día sereno que fluye como un río. **La planeación suprime la preocupación,**

la ansiedad y la tensión. Sabes por adelantado que puedes cumplir los plazos, encajar todo y relajarte durante el proceso.

Ser capaz de controlar exitosamente tu tiempo también te da una sensación de mayor autoestima. Te sientes bien porque puedes **crear un horario y adherirte a él**. El proceso es positivo, energizante y te da mayor confianza. No tienes la sensación presionante de que tienes todo encima de ti. **La experiencia de la autodisciplina**, de saber que puedes fijar un plan y cumplirlo, es satisfactoria y crea confianza en ti misma.

También necesitas aclararte tus metas a ti misma y lograr una imagen clara de tus valores y prioridades. ¿Qué está primero para ti? ¿Tu familia, tu trabajo y después tu misma? Ponte primero. **Si estás calmada, centrada confiada y feliz, puedes lograr más en tu negocio y darle más a tu familia.**

Crea más tiempo

También es posible crear más tiempo.Todos tenemos las mismas 24 horas al día, siete días a la semana. Puedes ser innovadora en la forma de usar tu tiempo. ¿Has pensado alguna vez en dormir menos? Despiértate una hora más temprano cada día y usa ese tiempo para ti misma, para leer, meditar, hacer ejercicio o caminar.

Combina papeles

Combina papeles y actividades. Usa las horas de las comidas como tiempo para compartir con la familia. Haz ejercicios con una amiga o con tu esposo de manera que puedan disfrutarlos juntos. Sé creativa para combinar las cosas que tienes que hacer con personas con las que quieres estar. Integra todas las áreas de tu vida.

En su libro *Cómo conseguir lo que quieres*, Patricia Fripp comparte lo siguiente:

Cosas para pensar antes de decir que sí:
1. ¿Realmente quiero hacer esto?
2. ¿Se beneficiarán los más cercanos a mí?
3. Si no la aprovecho, ¿tendré nuevamente la oportunidad alguna vez?
4. ¿Tendré que cancelar otros planes para hacer este compromiso?
5. ¿Cuánto de mi tiempo tomará?
6. ¿Me beneficiaré personalmente?
7. ¿Se beneficiará mi negocio?
8. ¿Cuánto durará la tarea?
9. ¿Cuánta energía exigirá?
10. Sé segura y no te sientas culpable por decir "no".

Beneficios de la planeación del tiempo

❀ Tendrás más flexibilidad en tu vida.
❀ Controla tu tiempo y controlas tu vida.
❀ Sientes menos tensión.
❀ Logras cosas sorprendentes.
❀ Te sientes con más energía al completar las obligaciones.
❀ Vives en el momento.
❀ Has aumentado tu propio valor y has realizado tu autoestima.

Secretos de la administración del tiempo

❀ Desarrolla un plan escrito - revísalo continuamente.

❀ No aplaces - hazlo ahora.

❀ Realiza cada tarea con concentración hasta completarla.

❀ Regla 80/20. Dedica el 80 por ciento de tu tiempo a tareas de alta prioridad tales como patrocinar y vender.

❀ Haz primero las acciones de gran valor.
Los grandes trabajos están primero.

❀ Da un paso por vez.

❀ Sé proactiva. Aprende a decir que no cuando sea adecuado.

❀ Conoce lo que tienes que hacer. No trates de ser Supermujer.

❀ Delega responsabilidades.

❀ Haz una cita para tener tiempo para ti misma.

Las prioridades

Cuanto más tienes que hacer, más logras. Simplemente hazlo en lugar de pensar en ello. Si comienzas el día con una lista de 10 cosas para hacer, si las has hecho todas al final del día te sentirás magníficamente. Tu nivel de energía está relacionado directamente con el número de actividades que completas en un día. El aplazamiento quita energía.

Comienza el día con algo que sabes que puedes completar. El resto del día fluirá en la misma forma.

La planeación

La planeación es el factor más importante al estructurar las prioridades de trabajo e integrar tu negocio con compromisos domésticos y familiares. A menudo es imposible lograr un equilibrio perfecto. Habrá periodos de grandes obligaciones de trabajo, cuando el ambiente do-

151

méstico pasa a segundo plano, y viceversa. Espera que se presenten estas épocas y déjate llevar.

Para ser organizada necesitas diagramar las diferentes áreas de tu vida y definir todo lo que necesita haber hecho diariamente. **Es cuestión de organización y delegación.** Cuanto más organizados están los aspectos superficiales de la vida, más tiempo puedes pasar con las personas que amas y más tiempo tendrás para divertirte. Trata de ver tu vida como un todo y decide qué funciones desempeñarás tu misma y por qué servicios pagarás. A nivel doméstico, divide las tareas entre todos los miembros de la familia.

El tiempo mal empleado

Identifica las principales cosas que te roban tiempo. Pregúntate cuántas están bajo tu control. Crea reglas en el hogar para que tu familia respete tus necesidades y prioridades.

- ❀ Guarda las cosas siempre en el mismo lugar.
- ❀ No pierdas tiempo en el teléfono.
- ❀ La televisión es una gran malgastadora de tiempo.
- ❀ No salgas por una sola diligencia.
- ❀ Haz las compras una vez a la semana.
- ❀ Haz a un lado las tareas sin importancia.
- ❀ Programa los momentos de soñar despierta para el baño, las caminatas o mientras cocinas.
- ❀ No hagas por los demás lo que puedan hacer por sí mismos.

Escribe todo

Confío en las listas, pues una vez que han sido hechas tienen un efecto liberador. Palomea lo que has hecho, y vuelve a listar las tareas que quedan por hacer. Estas listas incluyen lo siguiente:

Listas para la acción

❋ Reuniones de negocios importantes con su periodo de tiempo adecuado, con el domicilio y teléfono del punto de reunión. Apunta los principales puntos a discutir.

❋ Llamadas telefónicas que hay que hacer, con el número telefónico escrito junto a ellas, nombre del contacto y tema de discusión.

❋ Tareas a delegar.

❋ Diligencias personales tales como doctor, dentista, peinadora, biblioteca, compras, tintorería, etcétera.

❋ Compromisos sociales, ver a amigas, tarjetas de cumpleaños, regalos, recibir en casa, etcétera.

Fíjate un ritmo para reducir el estrés

❋ Asegúrate de darte tiempo para planear.

❋ Ejercítate regularmente.

❋ Medita o practica técnicas de relajación diariamente.

❋ Respira profundamente.

❋ Equilibra tu vida entre tus necesidades, tu trabajo y tus compromisos familiares.

Las actividades en el negocio de la venta directa

Analiza tus actividades profesionales y asegúrate de dar un tiempo adecuado para cada función, basada en el orden de prioridad. Asegúrate de que no descuidas ningún área, especialmente la de planeación.

La guerra de los papeles

1. Maneja cada papel sólo una vez. Archívalo, tíralo a la basura si no te es indispensable, si es correspondencia responde inmediatamente.
2. Termina cada día de trabajo con un escritorio limpio, ordenado y organizado.
3. Coloca los proyectos terminados en una carpeta y el trabajo en desarrollo en otra.

Auxiliares para organizar

- ❀ Una agenda de escritorio grande, con una página para cada día.
- ❀ Agenda de bolsillo de una página para cada día.
- ❀ Tablero para avisos.
- ❀ Tarjetas comerciales archivadas en una unidad separada.
- ❀ Archivo alfabético de fax / correspondencia.
- ❀ Proyectos actuales en carpetas de colores.
- ❀ Libros de consulta.
- ❀ Un directorio telefónico actualizado y una agenda con domicilios.
- ❀ Archivos de clientes.

Carpetas de archivo

Es importante tener información útil a la mano si quieres trabajar eficiente y efectivamente. Buscar las cosas hace desperdiciar mucho tiempo. Mantén el material organizado en carpetas, como sigue:

- ❀ Estados de cuenta financieros y bancarios.
- ❀ Referencias, currícula, diplomas, certificados.
- ❀ Documentos importantes, como arrendamientos,

actas de nacimiento y de matrimonio, número
de registro federal de causantes, números
de cuentas bancarias, seguros, tu testamento
y cualquier contrato.

- ❀ Material de la compañía, catálogos, promociones.
- ❀ Revistas mensuales de la compañía.
- ❀ Colección de historias para usar en las presentaciones.
- ❀ Resumen de material de entrenamiento.
- ❀ Una copia original de artículos escritos sobre
tu negocio.
- ❀ Original de cada charla o presentación
que hayas hecho.
- ❀ Dichos, palabras y material inspirador
que puedes usar en las presentaciones.

Capítulo 13

El malabarismo con los papeles

La combinación de los papeles de madre y de mujer de negocios

Creo apasionadamente que las mujeres están benditas y son privilegiadas al poder alternar tantos papeles. Muchas de ustedes, al leer esto, podrán pensar que estoy loca. ¿Cómo puede esta mujer encontrar algo positivo en el loco acto de malabarismo que tenemos que realizar la mayoría de nosotras? El secreto está en el contraste; cuantos más papeles desempeñas, más rico se vuelve tu repertorio. Cada papel nutre, enriquece y complementa al otro.

Tenemos que ser madres de nuestros hijos, esposas, figuras/modelo, amas de casa, compradoras, enfermeras y taxistas. Somos amigas para nuestras amigas, y con frecuencia tenemos responsabilidades familiares extensas, compromisos sociales, con la comunidad, además de nuestras carreras o negocios.

En las conferencias que he dado sobre motivación para los negocios, la pregunta que me hicieron con más frecuencia fue cómo me las arreglaba. Hay tácticas efectivas para cambiar papeles y para disfrutar cada papel que desempeñamos.

Para la mayoría de nosotras nuestra motivación es el deseo de tenerlo todo. Queremos un hombre, hijos, dinero, una carrera, amigos, un estilo de vida, sueños y tiempo para disfrutar todas estas cosas.

Secretos del malabarismo con los papeles

DEJA DE PREOCUPARTE y organízate. Parece una contradicción, pero cuanto más planeas y cuanto más organizada

158

eres, más capaz eres de vivir el momento. Si has diseñado un plan de acción para el día, puedes desarrollarlo.

Programa algún tiempo para ti: primero para consentirte, y segundo para planear. A menudo es mejor detenerse para planear que dar vueltas corriendo. Mi madre siempre estaba tan ocupada que no tenía tiempo para hacer cosas que eran realmente importantes para ella. No tenía carrera ni negocio. Estaba ocupada estando ocupada y siempre decía que no sabía adónde se había ido el tiempo.

¿Has notado cómo la gente de éxito siempre tiene tiempo si tú la necesitas? Realizan todo lo que necesitan realizar. Usan el tiempo como su recurso.

Cuantos más papeles tienes en las manos, más destrezas adquieres. Las mujeres ocupadas hacen las cosas rápidamente, no hacen alboroto y saben cómo mantener más de dos pelotas en el aire al mismo tiempo sin miedo de dejar caer una. Las mujeres han aprendido a hacerse cargo de una variedad de tareas profesionales al administrar efectivamente sus vidas personales y domésticas.

La supermujer un mito

Como señalan los escritores Sokol y Carter: "Las mujeres inteligentes saben ...que no puedes tenerlo todo —por lo menos no al mismo tiempo. Supermujer significa SUPER-CANSADA".

Si tratamos de hacer todo al mismo tiempo algo va a salir perjudicado. Probablemente, nuestras necesidades.

Necesitamos aprender a no hacer las cosas a la perfección. Decide qué es importante y hazlo bien. No te tortures con ser la super-esposa, super-éxito y super-madre.

La verdad es que estar casada, tener hijos, organizar un negocio y permanecer cuerda mientras tanto es un extraordinario acto de malabarismo. Nos las arreglamos parte del tiempo. Nos sentimos bajo tensión gran parte del tiempo. Jamás tenemos tiempo suficiente para hacer todas las cosas que debemos y muy pocas de las cosas que queremos. Siempre somos las últimas de la lista. Tener un momento especial, tranquilo y en paz para consentirnos a nosotras mismas se convierte en el mayor de los lujos.

Pero hay atajos, secretos y trucos que harán que tu día te rinda. No puedes agregar horas al día pero puedes usar más de tu tiempo haciendo las cosas que te importan más.

Las mujeres, ¿podemos tenerlo todo?

Las mujeres tienen verdadera preocupación por manejar una carrera, familia y matrimonio sin sacrificar algo. En todas mis charlas, el curso de las preguntas invariablemente deja surgir lo inevitable: "¿Estás todavía casada con el mismo hombre? ¿Cómo reaccionó tu marido? ¿Sobrevivió tu matrimonio?"

Mi matrimonio no sobrevivió. Sin embargo, mi carrera no fue la causa de su fracaso. En varios momentos las mujeres tenemos que hacer sacrificios. La clave es mantener presentes tus prioridades.

La estrategia de Mary Kay

Mary Kay, en su éxito editorial, "La administración de personas", comparte una estrategia muy simple:

1. Lista tus seis tareas más importantes.
2. Ponlas en orden de importancia.

3. Comienza con el renglón No. 1 de tu lista.
4. Tacha cada tarea cuando la completes.
5. Termina correctamente cada tarea.
6. Vuelve a poner cualquier tarea no completada en la lista del día siguiente.

Es una técnica simple, fácil de seguir. Hazlo. Te obligará a concentrarte en tus prioridades cada día, a hacerlas y pasar a otra cosa.

Consigue equilibrio en tu vida

Ser feliz y sentirse realizada es cuestión de combinar las cosas que necesitas y amas hacer. Es la mezcla y equilibrio de los elementos lo que crea una existencia plena y desafiante.

Es saludable sentirse cansada después de un día ajetreado. Pero la tensión y la frustración quitan energía y debilitan. ¿Cómo logras sentirte saludablemente cansada?

El equilibrio reside en la combinación de tus papeles y actividades. Necesitas decidir cuáles son. Para cada una este equilibrio será una receta diferente.

Asegúrate de que tu hogar siga siendo un refugio para ti y para tu familia. Si no tienes tiempo para hacer el trabajo doméstico, consigue a alguien que lo haga.

Tiempo para las amigas

Las amigas de una mujer son mucho más que su vida social. Mis amigas son mi grupo de apoyo, mis confidentes, mis columnas de fortaleza. Lleva mucho tiempo desarrollar buenas amistades y es importante **cultivar, atesorar y seguir compartiendo** con las amigas para mantener vivas las relaciones.

Cuanto más ocupada esté tu vida, menos tiempo tienes para compromisos y amigas. Estas son algunas de las actividades especiales que comparto con amigas. Crea tu propio programa para tener tiempo para las amigas.

❀ Dos llamadas diarias para charlar.
❀ Por lo menos dos encuentros por semana con dos amigas diferentes que podrían ser un café de media hora o un almuerzo rápido compartido.
❀ Voy a correr con una amiga dos veces a la semana a las 7 a.m.
❀ Camino con otra amiga una vez a la semana.
❀ Una vez al mes reservo una tarde de sábado y voy con una amiga a una exposición o al cine.

La eliminación de la culpa

La culpa es una emoción muy destructiva. No sirve a ningún propósito positivo. Debilita tu autoestima. Si haces algo que no te hace feliz, reconócelo, acepta la responsabilidad y pasa a otra cosa. La culpa prolongada es venenosa y comenzará a destruir tu ser íntimo.

Aprende a decir que no

La forma en que gastas tu tiempo es resultado de cómo manejas tus prioridades. En su brillante libro, "Los siete hábitos de hombres sumamente efectivos", Stephen Covey habla de usar tus valores y principios como una base para tomar decisiones sobre cómo usar tu tiempo. Es mucho más fácil decir que no si tienes claras tus prioridades.

No trates de ser perfecta

Reconoce cuándo llegaste al límite. Una mujer inteligente sabe que no es importante tener pisos brillantes y una casa inmaculada. Esta no es tu mayor meta en la vida. Acepta las imperfecciones y usa tu energía para lograr las metas que realmente importan.

Decide lo que realmente quieres

Una vez que decides tus prioridades es fácil saber a qué dedicar tu tiempo, esfuerzo y energía. Si tu matrimonio es tu relación más importante, ahí es donde inviertes la mayor parte de tu tiempo. Hay veces en que rechazarás oportunidades profesionales en favor de estar con tus hijos y otras veces te perderás un acto escolar importante porque estás de viaje por negocios.

Ponte en contacto contigo misma, define tus prioridades.

Organízate

La clave para la buena organización son las LISTAS. Tengo un plan de acción para los negocios, una lista doméstica y una lista de metas a largo plazo. Cada noche, antes de ir a dormir, reviso mis prioridades. En el instante en que tienes una lista tienes control. Cada vez que taches algo tienes una sensación de realización.

Crea una red

Todas necesitan personas que puedan ayudar en emergencias. Mantén una lista actualizada de mecánicos, plomeros, electricistas, veterinarios, doctores y niñeras así como de amigos que ayudarán en una emergencia.

Delega

Consigue una sirvienta o ama de llaves. No veo ninguna virtud en el trabajo doméstico, especialmente cuando puedes pagar a quien te ayude. El servicio doméstico puede significar una gran diferencia. No hagas cosas que otros pueden hacer.

Ponte tu primero

Haz lo que quieres hacer. Haz lo que te hace feliz.

Cada día te enfrentas a la necesidad de hacer concesiones. Si puedes elegir a la luz de lo que quieres, la elección está bajo tu control. No hagas nada por espíritu de sacrificio, eso sólo lleva al resentimiento.

Toda mujer debería ser capaz de ganarse la vida y volverse económicamente independiente. No toda mujer quiere hacer malabarismos con una maternidad de tiempo completo y una carrera de tiempo completo, pero es importante tener la íntima sensación de que podrías hacerlo si tuvieras que hacerlo. La venta directa te da la oportunidad de tener un estilo de vida flexible.

Compras de comestibles

Haz tus compras de mercado una vez a la semana. La mayoría de las mujeres compran con demasiada frecuencia. Comprar una vez a la semana ahorra tiempo y dinero. Haz una lista y pégala a tu alacena. Ve agregándole. Lleva la lista contigo una vez a la semana.

Comidas rápidas

Mi política es no pasar más de 20 minutos preparando

la comida de la noche. Disfruto esos 20 minutos pues los encuentro absorbentes y relajantes. Sé que muchas mujeres prefieren pasar unas horas cocinando durante el fin de semana y recalentar las comidas preparadas en el microondas. Hago sólo platos de un solo recipiente. Esto ahorra el tiempo de lavar demasiadas cacerolas y utensilios de cocina. También compro algunas salsas para pasta y postres maravillosamente preparados lo que ahorra en los bocadillos cuando recibo.

Cómo conseguir que los maridos ayuden

Existen los hombres raros que harán algo más que sacar la basura ...y están los demás. ¿Cómo puedes conseguir que tu hombre haga algunas de las tareas y comparta las responsabilidades domésticas? Estos son algunos de los secretos que he aprendido.

Usa el refuerzo positivo. El refuerzo positivo es abrazar a tu marido si se encarga de una carga del lavarropas. Contrariamente, el refuerzo negativo es decirle que usó demasiado detergente.

Cuando mi hijo tenía dos semanas, mi marido cambiaba los pañales del bebé. En lugar de elogiarlo, cometí un error fatal. Le dije que había puesto el seguro en el ángulo equivocado. Jamás cambió otro pañal. Yo misma lo eché a perder.

¿Es el matrimonio la sal de tu vida diaria?

Muchas mujeres han probado el matrimonio y han decidido que no les da resultado. Otras que son felices en su matrimonio dirían que es lo mejor de sus vidas. De mis siete amigas más íntimas, a los 40 años, tres todavía están casadas con sus primeros maridos y son felices, tres están divorciadas y una está vuelta a casar felizmente. ¿Qué es lo que tienen las tres que están todavía casadas que es tan especial que están preparadas a hacer de su matrimonio la prioridad de sus vidas? El amor real es el resultado de la confianza, la concesión y el compromiso.

Los papeles y responsabilidades tradicionales ya no son viables.

Tienes que negociar una nueva relación para ti.

Cómo hacer que el sistema funcione

Para que funcione un sistema de responsabilidades compartidas y delegadas tú necesitas:

❀ *Comunicación.* La comunicación regular con tu pareja es importante en una relación dinámica. Asegúrate de explicar claramente todas las cosas.

❀ *Charlas regulares con tus hijos.* Puedes salir a caminar con cada niño individualmente. Pasa tiempo con ellos separadamente para que puedan realmente conversar.

❀ *Imposición.* Una vez que hayas delegado funciones, impon te si alguien se está escabullendo o no está haciendo lo que se requiere de ellos. Una organización detallada no tiene objeto si nadie se adhiere al programa.

❀ *Manten la calma en las crisis.* Los dramas ocurren y te caerán encima cuando menos los quieras. Estimula en tu familia una reacción sin pánico y respuestas dirigidas a la acción.

❀ *Flexibilidad personal.* Sé imaginativa para resolver problemas.

❀ *Escribe todas las instrucciones*. Ten una libreta muy grande, visible, que contenga toda la información relevante.

❀ *Mantén la casa organizada*. Todos deben saber dónde encontrar cinta adhesiva, tijeras, curitas, dinero suelto, teléfonos de emergencia, etc. Siempre vuelve a poner las cosas de vuelta en el mismo lugar.

Estrategias para el malabarismo con los papeles

Delega	Negocia concesiones
Aprende a decir que "No"	Ponte tú primero
Sé organizada	Consigue que tu marido ayude
Crea una red	Elimina la culpa
Haz tiempo para la amigas	Conoce tus prioridades
Consigue ayuda doméstica asalariada	No trates de ser perfecta
	Haz intercambios

Capítulo 14

La educación de hijos positivos

La educación de hijos positivos

"La mejor manera de educar a un niño positivo es empezar por convertirse en un padre positivo".

La única calificación que tengo para describir este capítulo es que siento que he educado dos niños felices, sanos, bien adaptados. Compartiré contigo lo que me ha dado resultado. También estoy convencida de que la única forma de educar niños positivos es empezar por convertirse en un padre positivo. Podemos elegir adoptar una visión optimista de la vida. Antes de que puedas educar positivamente a tus hijos, tienes que hacer y vivir esa elección.

Fui a la universidad y me gradué en psicología infantil. Leí y estudié todas las teorías, desde Freud a Erikson. Cada vez que descubría más revelaciones corría a casa y le decía a mi madre dónde se había equivocado al criarme.

Tenía 23 años cuando nació mi propio hijo Jason. Estaba convencida de que el bebé tenía razón en todo y yo no tenía confianza en mi propia habilidad para responder. Lo dejaba exigir la comida. Terminé alimentándolo cada hora en lugar de cada cuatro horas. Jamás durmió toda la noche hasta que tuvo tres años. Tenía unos sorprendentes berrinches. Yo fingía que no era mío cuando se tiraba al piso del supermercado y se ponía a gritar. Cuando tenía dos años, yo también tenía una niña de seis meses, Nikki. También tenía su buena parte de no dormir. Yo era una zombi. Parecía que no había vida más allá de pañales sucios, noches sin sueño, camas musicales, amamantar, y estar constantemente en actividad. Estaba hecha añicos. Mis propias fronteras se habían disuelto.

Fue entonces que pedí el consejo de una amiga que parecía haberse mantenido cuerda a pesar de tres hijos. Me dijo que tenía que separarme de mi hijo mayor para redefinir mis propias fronteras y enseñarle a él los límites. Comencé a volver a la cordura. No amaba menos al niño pero le hice saber que había momentos en que yo cerraba la puerta y él no tenía acceso a mí

Toda mi psicología de libro de texto no me preparó para la maternidad en la vida real. Aprendí en la tarea y de otras madres. Decidí que no quería ser una madre negativa y castigadora. No creí que pudiera echar a perder a un niño de menos de tres años con demasiado amor, y una vez que combiné el amor con algunos límites, pienso que tuve la receta perfecta.

Autoimagen

Una de las cualidades más importantes que debe tener la persona verdaderamente exitosa es una autoimagen saludable. ¿Qué oportunidad tienen los niños de desarrollar una buena autoestima a menos que sus padres tengan una autoimagen positiva?

Algunas de las causas de una mala autoimagen en los niños son:

- Abuso infantil.
- Abandono.
- Una familia en la que uno de los padres sufre de alcoholismo o drogadicción.
- Un divorcio traumático.
- Padres demasiado críticos.

Los hijos necesitan amor incondicional

Necesitamos amar a nuestros hijos incondicionalmente, es decir, sin condiciones previas. La autoimagen de un

171

niño depende en gran medida de cómo piensa que tú, su madre, sientes realmente acerca de él o de ella.

1. Entiende y acepta a tus hijos como son.
2. Ayuda a tus hijos a desarrollar una visión entusiasta de la vida. Dales esperanza, optimismo y fe en el futuro.
3. Estimula a tus hijos a que completen las tareas, no importa cuán grandes o pequeñas. Esto desarrolla la autoestima.
4. Estimula a tus hijos a leer y amar los libros.
5. Cimenta la autoimagen de tus hijos enseñándoles modales, cortesías sociales, etiqueta en la mesa.
6. Pon énfasis en la imaginación creativa de tu hijo.
7. Ayuda a tus hijos a aceptarse de una manera no-crítica.
8. Recompensa, elogia y estimula cuando puedas.
9. Crea un ambiente positivo y amoroso. Da afecto con frecuencia, abrázalos, estréchalos y bésalos, diles que los amas.
10. Estimula un espíritu de excelencia. Vive tu vida en el mismo espíritu. No hay integridad si el niño no aprende del ejemplo positivo del comportamiento de sus padres. Corresponde a los padres poner en práctica lo que les enseñan a sus hijos. Estimula a tus hijos a ser lo mejor que puedan.

Motivación

Para criar hijos positivos, necesitas motivarlos. La motivación es algo que infundes de manera regular. Así como no vas a escuchar a un orador y esperas beneficiarte de los efectos el resto de tu vida, tus hijos necesitan una aportación positiva continua y regular.

No les des a tus hijos mensajes mezclados. Crea confusión.

172

Aclara tus propios valores. Que tu filosofía de la vida se muestre en tus acciones. ¿Cuáles son tus prioridades? Si te pasas todo el tiempo mirando televisión, esto es lo que tus hijos ven.

No esperes que los maestros sean responsables de desarrollar la autoestima de los niños. Los padres deben asumir la responsabilidad.

Escucha a tus niños

Los niños quieren nuestra atención total. El ingrediente clave en la comunicación familiar es escuchar lo que se está diciendo. La mayoría de las familias no se comunican, simplemente viven en la misma casa. Tenemos que aprender a apartar un momento tranquilo para escuchar y estar ahí para nuestros hijos.

El año pasado mi hijo Jason, de 16 años, fue a un campamento maravilloso llamado Descubrimiento. Ahí aprendió una cantidad de habilidades. Una de éstas concierne a un corazón de terciopelo rojo que cabe en la palma de la mano. Si tienes algo especial que comentar, sostienes el corazón y hablas. La otra persona escucha. Luego el proceso se invierte. Te obliga a estar atenta y escuchar. El corazón se guarda en un lugar especial. Cuando tu hijo tiene algo especial que comentar o compartir, él o ella te trae el corazón como señal. Mamá, este es un momento de corazón a corazón. El proceso te impide gritar, interrumpir y limitar la discusión. Te fuerza a ESCUCHAR.

Disciplina

"Que los 'no' sean pocos pero consistentes y con amor."

Fui educada por una madre muy estricta. "No" era la

173

palabra que yo oía con más frecuencia. Experimenté la niñez como una prisión restrictiva. Reaccioné convirtiéndome en una rebelde y en una adulta no-convencional. Aunque me dieron amor y cuidado, me sentía sofocada por todas las restricciones. Como adulta, comencé a comprender que el "no" era una expresión de los temores que mi madre tenía.

Creo que los hijos necesitan límites y fronteras pero también creo que tener ciertas reglas, en lugar de muchas, es aún más efectivo. Con mis hijos, las reglas cambiaron a medida que fueron creciendo, pero siempre los encontré cooperativos y respetuosos hacia las pocas reglas que teníamos. Los niños necesitan reglas simples y consistentes. Hasta los 11 años, un niño aprende por medio del ejemplo concreto.

"Dime, y me olvidaré. Muéstrame y quizá no recuerde. Hazme participar y entenderé."Proverbio indígena norteamericano.

Cómo manejar el conflicto

A menudo hay situaciones en las que los niños están cansados y hambrientos y las madres también; la combinación provoca una explosión. Los niños reaccionan gritando, llorando y peleando. La madre pierde la paciencia, les da una cachetada y todos terminan aún más alterados.

Debes responder de manera diferente. O bien, respira profundamente algunas veces y aléjate de la conmoción, o abraza y tranquiliza a los niños y trata de calmarlos.

La primera vez que tuvimos un "corazón-a-corazón", mi hijo me pidió que cancelara una conferencia de manera que pudiera estar en la ciudad para un evento es-

174

pecial que quería que compartiéramos. En todo lo que pude pensar fue en las ventas que perdería, la oportunidad perdida de hacer negocios. Salí violentamente, subí al auto y manejé sin parar. Estaba alterada y llorosa. Me estacioné cerca del mar, encendí la radio y aullé. Cuando estuve lista para irme a casa, la batería estaba baja. También había salido de la casa sin mi bolsa. Humildemente tuve que llamar a mi hijo para pedirle que me enviara auxilio automovilístico. Era una noche invernal helada y estaba a kilómetros de cualquier lugar. Volví a casa sintiéndome muy incómoda por mi comportamiento. No fui a la conferencia. Fui con él a su evento. Me vi forzada a evaluar mi proceder y logré resolver efectivamente el conflicto.

Tiempo de calidad

El amor a un niño se escribe T-I-E-M-P-O

Todos los niños necesitan sentirse amados siempre. La mejor manera de mostrarles amor es pasar tiempo con ellos y disfrutarlo. Aunque estaba muy ocupada con dos negocios cuando mis hijos eran pequeños, busqué la forma de tener tiempo disponible para ellos. A la hora de acostarse, leíamos cuentos durante treinta minutos. Todos los viernes íbamos a la biblioteca. Cada niño sacaba dos libros. Por la noche yo les leía. También era el momento de las caricias, abrazos, cosquillas y "ser amado". Eso dio buenos resultados con mis dos pequeños quienes se llevan veinte meses de edad. Ahora, muchos años después, esa inversión ha pagado dividendos.

El verdadero tiempo de calidad era hacer las cosas juntos, lado a lado. Sin importar cuán ocupada estuviera, mantuve algunas tradiciones especiales en nuestro hogar. Tenía invitados a cenar una vez a la semana. El propósito era hacer de nuestra casa un lugar a donde llegara gente, un centro de hospitalidad y calidez y un lugar donde dábamos generosamente algo de nosotros mismos a los demás. Nuestro hogar siempre fue un lugar donde los amigos aparecían a tomar café con pastel. Quise enseñarles a los niños con el ejemplo.

Una vez a la semana, la tarde del sábado, yo tenía "cocina" con los niños. Hacíamos galletitas de avena, pastel de queso, postre de chocolate o algo divertido. Lo hacían conmigo: probarlo, lamer los recipientes y ayudar. Había harina, azúcar y chocolate chorreado por toda la cocina. Llevábamos lo que acabábamos de hornear para tomarlo con el té en un picnic en un lugar especial. La tarde del sábado era para ellos.

En otros momentos nuestras vidas tenían que funcionar como relojes, los horarios estaban organizados, las niñeras y la hora de acostarse. La rutina les daba predilección y seguridad.

Déjalos aprender por la experiencia

También creo en mantener la serenidad en momentos de crisis. Si una madre siente pánico, los hijos se asustan. Cualquiera que sea el drama, la regla número uno será mantenerse serena, enfrentar la urgencia sin histeria. No magnificar la situación. Esto les ha sido de provecho como jóvenes adultos. No pierden el control ni se asustan cuando suceden cosas inesperadas.

Mi madre siempre me recordaba que los niños no piden nacer. Son tu responsabilidad hasta que son adultos independientes.

Mi experiencia y conocimiento acerca de los niños se

ha desarrollado como estudiante de psicología, como madre y como maestra de arte de niños durante más de veinte años. Cuando los niños llegan a mi clase de arte por primera vez, les digo que no existe tal cosa como el error. "No usaremos gomas de borrar en esta clase. Si dibujan o pintan algo, tienen que resolver su problema pintando."

Crear cuadros es paralelo a vivir. Si cometemos un error, no podemos borrar lo que hemos hecho, tenemos que encontrar la salida de una situación. Estimulo a los niños a explorar soluciones creativas. Cuando llegan por primera vez están aterrados, están inhibidos. Tienen miedo de cometer algún error. En la escuela están constantemente en una posición temerosa. ¿Qué va a pasarles si hacen algo mal? Después de un tiempo se dan cuenta que no es tan difícil explorar soluciones. En realidad es divertido. Desaparece el temor al castigo. Les digo que cualquier cosa que dibujen o pinten es aceptable. No tiene que parecerse a algo real. Gradualmente ganan confianza. En todas las situaciones debemos dejarlos aprender por la experiencia, o dejarlos hacer el intento sin temor.

Los padres como figuras modelo

Ser padre es una responsabilidad pavorosa. La parte más difícil es que tienes una sola oportunidad. Como dicen los expertos, es simple pero no es fácil ser paciente y consistente. Nos involucramos tanto en las minucias de cada día.

Cuando mis niños eran pequeños, su padre estuvo estudiando medicina durante siete años. Yo dirigía un negocio desde la casa. Ellos aceptaron como una reali-

dad el estudio de papá y el trabajo de mamá. Posteriormente, cuando se graduó y encontró un empleo, ambos
nos vimos en la necesidad de hacer una cierta cantidad
de viajes de negocios. Decidimos que uno de nosotros
siempre se quedaría en la casa con los niños. Nos volvi-
mos conocidos como la familia yo-yo, uno dentro, uno
afuera. Mi objetivo era mantener a mis hijos sintiéndose
seguros, a salvo en una rutina y centrados en su mundo.

El amor ayuda, pruébalo

Como dijo Zig Ziglar : "Para mantener el optimismo y
aumentar nuestras probabilidades de educar hijos positivos, debemos tener sentido del humor para vencer los
problemas, obstáculos y desánimo que todos enfrenta-
mos de vez en cuando. **Ayuda a tus hijos a desarrollar
el sentido del humor.**"

Trato de mostrarles a mis hijos el lado divertido de
las situaciones serias. Muchos escenarios son potencial-
mente tristes pero si puedes ver el humor logras otra
perspectiva. Ríe mucho. Ve el lado más ligero. **Sonríe
cuando veas a tus hijos por primera vez en la mañana
y al despedirte en la noche.**

Crea un ambiente amoroso

El comienzo y el final de cada día son muy importantes
para los niños. Ayuda a tus hijos a comenzar y terminar
el día de una manera amorosa, optimista. Si despiertas a
tu hijo con un beso cariñoso, algo para beber y palabras
cálidas, empezará el día con ánimo positivo. Hasta que
mis hijos tuvieron alrededor de ocho años, acostumbra-
ba terminar su día con dos cuentos, un abrazo, un beso

y me quedaba algún tiempo sentada en su cama sin prisa por irme. Un niño necesita saber que es especial.

Muchos millones de niños **van a acostarse con hambre de comida**.

Muchos más van a acostarse con hambre de elogios y de aprecio.

Lo que necesitan los hijos cuando su madre trabaja

- ❀ Amor, a montones.
- ❀ Seguridad.
- ❀ Estabilidad.
- ❀ Consistencia.
- ❀ Estímulo.

Apoyo - ocuparse de sus necesidades.

Autoestima positiva - aprobación. El elogio enseña a los niños a decir "Yo puedo".

Palabras a usar con tus hijos tan a menudo como sea posible

Super	Maravilloso	Sensacional
Grandioso	Notable	Fantástico
Bueno	Excelente	Sobresaliente
Increíble	Felicitaciones	Tremendo

Frases positivas

Buen trabajo	Es lo mejor que has hecho
Bien hecho	Estás mejorando
Está bien	Sigue así
Vas por buen camino	Estoy orgullosa de ti
Hermoso trabajo	Eres una bendición
Estas aprendiendo rápido	Estoy contenta de ser
Ahora nada puede detenerte	tu mamá

179

Las madres que trabajan necesitan

❀Planear tiempo de calidad con sus hijos.
❀ Decidir las prioridades.
❀ Conseguir buena ayuda, cuidado para el niño y apoyo.
❀ Crear un ambiente seguro, predecible.
❀ Decirle a los niños qué va a suceder.
❀ Mantenerse serena en las crisis.
❀ Darles a los niños montones de afecto - abrazos y besos.
❀ Mantener las reglas y restricciones al mínimo.
❀ Saber que la disciplina es saludable y buena.

Beneficios de una madre que trabaja

Los niños pueden prosperar con una madre que trabaja porque:
❀ La madre está alerta, viva y estimulada.
❀ La madre posee mayor autoestima, esto es atractivo.
❀ Sus intereses, carrera y colegas, amplían la vida del niño.
❀ La vida del niño tiene que estar bien organizada, esto le da seguridad.
❀ Los niños aprenden acerca de la vida real.
❀ Los padres ponen el ejemplo - el éxito es un gran ejemplo.
❀ Como inspiración, las acciones dicen más que las palabras.

Actividades especiales para hacer con los niños.

❀ Salidas divertidas.
❀ Momentos para estar juntos.
❀ Momentos para jugar juntos.
❀ Caminatas en ambientes naturales.
❀ Leer juntos algún libro.
❀ Escuchar música.
❀ Cercanía espiritual.

Educar niños positivos en un mundo negativo

Mis hijos son mi inspiración y mi razón de ser. Por ellos yo escalaría el Everest, nadaría el Nilo, llegaría a las estrellas. Mis hijos son la fuente de mi alegría más profunda. Su felicidad y su éxito son mi meta final.

Creo firmemente que los hijos se benefician más cuando su madre está involucrada en una carrera que le da confianza en sí misma y una mayor autoestima. Como verás cuando leas las entrevistas, cada madre dice que su éxito se ha difundido en todas las otras áreas de su vida. Sus hijos están orgullosos de los éxitos de sus mamás, eso amplía su mundo y reciben un mayor aporte positivo.

Mi hija Nikki fue la modelo que aparecía en el empaque de mis productos de juguete. Seis semanas después de emigrar a Australia, su rostro estaba en los estantes de jugueterías y tiendas de departamentos. Esto le dio fama y reconocimiento inmediatos. Fue bueno para su autoestima. Siempre he creído que es valioso hacer participar a tus hijos en tu negocio tanto como sea posible.

"Si un niño vive con aprobación, aprende a gustarse a sí mismo. Si un niño vive con seguridad, aprende a tener fe".

Capítulo 15

La cooperación de los maridos

La igualdad en el matrimonio

Como dice Harriet Lerner en su libro, "La danza de la intimidad": "Las relaciones íntimas no pueden sustituir a un plan de vida, pero para que tenga algún significado, **un plan de vida debe incluir una relación íntima**".

Creo que para que las mujeres hagan cambios en su vida y se sientan iguales en una relación, necesitan tener a su disposición los mismos recursos que los hombres. Hasta ahora, a las mujeres no se les ha estimulado para dedicar energía al desarrollo de la independencia económica. El papel de ama de casa coloca a las mujeres en una posición de vulnerabilidad. Dada la actual tasa de divorcios, las pensiones alimenticias bajas o incobrables, no resulta sorprendente que **esté aumentando la tasa de pobreza de las madres solteras**. El único curso de acción para las mujeres es desarrollar sus **propios recursos financieros**. No necesitan poner el 100 por ciento de sus energías y el 100 por ciento de su tiempo en su carrera. Sin embargo, una mujer necesita tener un **plan de vida propio**, que no sólo le permita ganarse la vida sino también **encontrar su realización fuera del matrimonio**.

Los hombres están comenzando a valorar el que las mujeres sean capaces de sostenerse económicamente. Las ganancias de las mujeres pueden aliviar algo de la presión que existe sobre los hombres. Siempre he sentido lástima de los hombres que salen solos a ganar el sustento. Una responsabilidad compartida es una solución mucho más realista.

Las mujeres quieren que los hombres compartan las tareas domésticas y el cuidado de los hijos. Para ayudar a cambiar las actitudes de los hombres, las mujeres deben restructurar las expectativas tradicionales. Las mujeres deben eliminar cualesquier amenaza o temor que puedan sentir los hombres porque sus esposas ganen dinero y sean independientes.

Véndele los beneficios de tu negocio

Si tu marido todavía no apoya tu negocio de venta directa, necesitas aclararle los beneficios que pueden experimentar ambos.

- ❀ Desarrollo personal.
- ❀ Mayor ingreso.
- ❀ Un estilo de vida más excitante.
- ❀ Seminarios en el exterior para ambos.
- ❀ Un posible automóvil de la compañía.
- ❀ El desafío de crear un negocio.
- ❀ Compartir la carga financiera.
- ❀ El estímulo de conocer nuevas personas.
- ❀ Menos presiones financieras en la familia.

Inclúyelo en lo que estás haciendo. Llévalo a las reuniones, comparte tus logros y tus metas. Discute con él maneras de hacer las cosas. Planea tus metas financieras a largo plazo. Hazlo ver los beneficios de que no estés desamparada, de no tener remedio, de no ser económicamente dependiente.

La mayoría de las compañías subrayan que una mujer no debe poner al negocio antes que a su marido. La filosofía de todas las compañías con las que hablé dijeron que la familia está antes que el negocio.

La mayoría de las compañías reconocen y recompensan a los maridos por su parte en los logros de la esposa y les dan reconocimiento a ambos. La razón de esto es que una mujer necesita el apoyo de su pareja para tener éxito. Si su marido le da estímulo y apoyo al negocio de su esposa, esto le da a ella el ímpetu para desarrollarse más. Los maridos negativos socavan los efectos positivos generados por el negocio. Muchas mujeres dijeron que sus maridos fueron indiferentes hasta que vieron que recibía mucho dinero, recompensas tangibles que demostraban que ésta era una verdadera oportunidad.

Los secretos de trabajar juntos

Hablé con muchas parejas acerca de la dirección conjunta de sus negocios de venta directa, y encontré muchas combinaciones de talentos. Claire Roche, hija de Bill e Imelda Roche, fundadores de Nutri-Metics de Australia, dijo de sus padres: "Papá es el visionario. Mamá toma sus ideas y las concreta. Papá es el planificador financiero, pero mamá se encarga de las ganancias básicas. Papá organiza la producción, el diseño del embalaje y la administración. Mamá es brillante con la gente. Ella maneja todas las ventas y el mercadeo". En este matrimonio, vemos cómo una pareja puede dividir sus funciones de acuerdo a sus capacidades.

John y Sherien Foley, quienes han sido directores ejecutivos de Sistemas Pro-Ma durante más de siete años, también trabajan juntos. **A John le encanta organizar los grandes eventos, ver el gran cuadro.** Sherien pasa mucho tiempo apoyando y desarrollando a las mujeres y dándoles consejo y guía.

Noemi y Roger Alberts también han combinado sus talentos y fuerzas respectivas. **Roger es un orador y presentador brillante.** Noemi es una maravillosa comunicadora a nivel individual y permanece cerca del producto.

186

Stuart y Beth Carseldine, Diamantes Ejecutivos de Amway, también combinan sus talentos para dirigir un negocio muy exitoso. Stuart es el emprendedor. Trabaja con los que toman las decisiones y realizadores. Beth es la oyente. Aconseja a las recién llegadas mientras tratan de ponerse en pie. **Stuart sacude a la audiencia**. Beth les dice cómo es realmente el negocio para ella. Su honestidad gana muchos corazones, mucha lealtad y muchos seguidores.

El secreto está en que cada uno use sus puntos fuertes, se den espacio mutuamente y trabajen con una unidad de misión y de metas.

- ❀ Haz que tu pareja se sienta especial y maravilloso.
- ❀ Programa tiempo de calidad para estar juntos.
- ❀ Compartan sus metas en el negocio.
- ❀ Compartan las funciones y responsabilidades del negocio.
- ❀ Combinen talentos, habilidades empresariales y energía.
- ❀ Apóyense mutuamente.

La presencia del marido hace que otros hombres se sientan más cómodos con la venta directa como negocio.

¿Puede sobrevivir una relación cuando trabajan juntos?

El problema de construir juntos un negocio es la constante proximidad e interacción y la falta de espacio para el individuo.

Si una relación es buena, con cuidado puede soportar las presiones para trabajar juntos. Afortunadamente, en el negocio de la venta directa no tienes que lidiar un día y otro con estar en un espacio limitado como una tienda. Puedes dividir y compartir las tareas del negocio.

Las mujeres necesitan asegurarse de que son una parte integral de las decisiones financieras del negocio. No es saludable para la mujer estar "en el negocio" pero sin participar activamente en las decisiones empresariales, en las finanzas, en un papel en el que no tiene poder real. Como pareja, definan sus funciones de acuerdo con sus puntos fuertes. **Creen autonomía y espacio dentro de sus papeles en el negocio.** Esta independencia les dará a ambos espacio para respirar.

Relaciones íntimas

"La meta más alta de una relación es permitir a la otra persona que se convierta en la mejor persona que puede ser".

¿Qué necesitamos en una relación para hacerla íntima?

- ❀ Un claro sentido de sí mismo.
- ❀ Claridad de propósito y un plan de vida para cada uno.
- ❀ La habilidad para comunicarse.
- ❀ El conocimiento de tus propios valores y principios.
- ❀ La habilidad de expresar tus propios sentimientos.
- ❀ Confianza para fijar fronteras.
- ❀ La creencia de que pueden crecer juntos.
- ❀ La disposición para compartir las metas del otro.
- ❀ La aceptación de la otra persona sin querer cambiarla.
- ❀ Ser capaces de resolver juntos los conflictos.

Diversión y romance

También necesitamos romance. Soy una gran romántica y creo que en la mayoría de los hombres y mujeres hay un anhelo y una necesidad de experimentar la pasión, el éxtasis poético y el amor físico que es divertido, creativo y relajante.

Con el propósito de mejorar nuestra relación sexual, animé a mi compañero a que comprara un libro llamado *Cómo satisfacer a una mujer todas las veces ...¡y hacer que suplique más! El primer y único libro que le dice exactamente cómo.* Estaba muy excitada cuando descubrí el libro. Esperaba nuevas cimas de pasión, éxtasis y excitación. Leímos juntos el libro. Cuando había leído en voz alta hasta el final del capítulo tres, creo que mi pareja se estaba sintiendo permanentemente impotente. Encontró que ésta era la información más amenazadora, agresiva y traumática. Rápidamente deseché el libro como una tontería y resucité su ego como sólo una mujer sabe.

Reserva tiempo para la diversión, la calidez, para hacer juntos cosas especiales y crear un ambiente en el que se sientan inclinados a la intimidad física. Las vidas ajetreadas, los hogares bulliciosos, las noches sin dormir, las exigencias de los negocios, todo se combina para destruir el romance y la diversión de la intimidad. **Como mujer, te corresponde hacer de éste un elemento importante en tu vida para beneficio de ambos.**

El trato del ego masculino

De acuerdo con sus puntos fuertes, una pareja debe examinar la administración, la administración financiera, el patrocinio, las ventas y las funciones de apoyo para ver quién es el más adecuado para las diferentes tareas.

Las diferencias esenciales entre hombre y mujer, especialmente en sus estilos de comunicación, hacen que sea difícil para los hombres expresar sus sentimientos, frustraciones y temores. A pesar del riesgo de que las feministas militantes me destrocen, **creo que las mujeres pueden cuidar el frágil ego masculino de manera especial**.

❀ No lo disminuyas.

❀ No seas demasiado crítica.

❀ Muestra aprecio y elógialo cada vez que puedas.

❀ **Hazlo sentirse como si fuera el amante más maravilloso del mundo.** (Lo sea o no). No sabe la verdad y jamás la sabrá.

Sociedades perfectas

Las personas antes que el dinero: da buenos resultados
Ángela y David Johnson
Neo-Life
Edad: 40 años

Ángela Johnson cree en pensar en grande. **Cree en pensar primero en las personas, antes que en el dinero**. Este tipo de pensamiento le ha ganado a Angela la categoría de constructora ejecutiva diamante, y pronto será doble diamante.

Si esto parece en chino, en el lenguaje de Neo-Life quiere decir que Angela está arriba de todo. En menos de tres años de desarrollar su negocio dedicándole tiempo completo, tiene el equipo más grande de su compañía en todo el mundo.

Además, Angela es la abuela de 40 años más llamativa y vibrante. Tiene dos hijos casados de 21 y 23 años, y un nieto de doce meses. **Angela exuda buena salud, bienestar y un aura de paz**.

¿Qué sabe ella que nosotros no? Angela emigró a Australia desde una pequeña ciudad italiana llamada Palena a la edad de siete años. Dejó la escuela al final del décimo año y se casó con un novio de la infancia a los 16. Fue madre poco después. Junto con su esposo David, se dedicó a adquirir los arreos del éxito: casa, Volvo, Jaguar y joyería elegante.

Entonces David se lastimó la espalda en un grave accidente y permaneció inmóvil durante dos años. Angela trató de administrar en su lugar sus dos gasolineras y en el proceso se hizo añicos. Perdió peso y desarrolló el síndrome de la fatiga crónica.

Los Johnson vendieron las gasolineras y se mudaron de la casa familiar a un autobús adaptado, a un parque de acampar. Vivían de la seguridad social y su matrimonio estaba pasando por momentos muy difíciles.

En 1987, David y Angela viajaron a Sydney a escuchar al doctor Don Lawson hablar de los productos Neo-Life. Al final de la noche, se habían incorporado al negocio. Aunque les sobraba el dinero, Angela compró la Fórmula IV. Después de tres días se sintió tan bien que pidió algunos otros productos de Neo-Life y comenzó a compartir la oportunidad con amigos.

Dos años después, la pareja decidió darle su completa atención a Neo-Life. En su opinión, el negocio de Neo-Life es hoy la mejor oportunidad del mundo. **Productos excelentes respaldados por un plan de mercadeo excelente.**

Sus hijos y sus esposas están también en el negocio. Angela cree que es importante dirigir con el ejemplo. **"La velocidad del líder determina el ritmo de la banda"**, dice. "Soy un modelo para mi familia y amigos. Hoy tengo una alta autoestima, y me amo a mí misma. Sé que puedo hacer cualquier cosa que quiero sin temor. **Puedo enfrentar cualquier desafío que se me presente en los negocios"**.

Ángela vive de acuerdo con el lema: **"Primero Dios, segundo la familia y tercero el negocio"**. Dos veces al día medita y reza y, se ejercita en un vitalizador durante diez minutos para mantenerse en buena condición. Desde que alcanzaron la seguridad económica gracias a su negocio, el matrimonio de los Johnson ha florecido. **"Todavía estamos en nuestra luna de miel. Todos los días nos decimos mutuamente qué maravillosos somos"**, dice Ángela.

"Neo-Life no es un plan de enriquecimiento rápido. Necesitas una visión más grande y necesitas enfocarte en el desarrollo de las personas. Comparto lo que he realizado con otros de manera que puedan desarrollar lo mismo", dice.

"Creo en pensar positivamente y en motivarme para perseverar y para no rendirme jamás sin importar lo que suceda".

Inicialmente David daba la cara y hacía las presentaciones principales mientras Angela se concentraba en la asesoría individual. Ahora, con su mayor autoestima, Angela se siente feliz al hablar frente a cualquier grupo, sea de cinco o de quinientas personas. "Nuestro grupo son nuestros mejores amigos, todos están espiritualmente alerta, motivados, y tenemos una visión común".

Aferrarse a la gran visión

Sherien y John Foley
Sistemas Pro-Ma

Sherien y John Foley comenzaron en el negocio de Pro-Ma cuando éste se inició en 1983. John estaba en la profesión legal y Sherien era una actriz con su propio programa de televisión. No estaban buscando nada. Entonces John conoció a Val Fittler.

—**Val tenía una visión** —dice él—. Decía que iba a convertir a Pro-Ma en la compañía de mercadeo más grande de Australia, y que iba a llevar a Pro-Ma a todos los países del mundo. Miré a Val y pensé para mí, "pequeño hijo de tal por cual, muy bien puedes hacerlo", y le dije que estaba con él. **Yo quería ser parte de esta visión.**

Desde el inicio, John y Sherien mantuvieron en sus mentes la **gran visión**. La tomaron, la creyeron y por ser los primeros directores ejecutivos de la compañía estaban cerca de Val Fittler, quien continuamente los inspiraba y motivaba.

"Animamos a la gente a incorporarse pero no para ganar dinero rápido", dice Sherien. "Nuestra vida es indescriptible. Tenemos experiencias intangibles. Demostramos a nuestro equipo la seguridad y la libertad financiera posibles con Pro-Ma. **Creemos en la lealtad y creemos que tenemos una idea clara de adónde vamos**. Esta certeza es lo que anima a los nuevos reclutas a permanecer con nosotros".

John tiene un sobrino de 14 años en una escuela de Camberra, a quien patrocinó para que ingresara al negocio. El muchacho ha reclutado a seis de sus propios profesores, quienes trabajan ahora para él en su equipo.

Sherien dice que su misión es elevar, inspirar y estimular a personas de todos los campos de la vida para que alcancen sus sueños. "Siempre estamos ahí para la gente, tenemos actitudes consistentes, nuestras creencias jamás han flaqueado y no estamos en esto sólo por dinero".

Como líderes se han convertido en amigos, consejeros y asesores financieros de su equipo. Sus negocios están ahora diseminados por todo el mundo, incluyendo Nueva Zelanda, Estados Unidos y Canadá.

Sherien ha sido continuamente inspirada y motivada por Julie Fittler, quien tenía apenas 19 años cuando sus padres comenzaron Pro-Ma. Nueve años después, la hija de Val Fittler, Julie, y su madre Sandra Fittler **imparten seminarios para mujeres** sobre desarrollo personal. Sherien ha encontrado que estos talleres son de gran valor para su equipo.

Triunfadora silenciosa

Robyn y Jeff Simpson
Dominant
40 años

Robin Simpson es una dama callada, modesta. Es realista, auténtica y agradable. Pero una triunfadora. Acaba de convertirse en distribuidora independiente en su negocio de Dominant.

Es bastante reservada para hablar de su éxito. Dice: "Lo hice porque tenía que hacerlo. **Estábamos desesperados por dinero para sobrevivir**". Y vaya que ha sobrevivido. Ha volteado la vida para sí misma, su esposo Jeff y sus cuatro hijos.

Los Simpson vivían en el campo en Victoria, donde Jeff trabajaba como empleado de limpieza en un hospital y Robyn era mesera. Querían darles a sus hijos la mejor educación, así que vendieron su casa y compraron un bar lácteo en Melbourne. Aunque trabajaban de 7 de la mañana a 10 de la noche, siete días a la semana, **se habían comprometido financieramente más allá de sus posibilidades**. Cuando no les alcanzó el dinero para vivir, finalmente admitieron la derrota y se declararon en quiebra. La empresa les costó cara. Además de no tener tiempo para su familia, su relación o sus amigos, recibían menos de 50 centavos de dólar por hora a cambio de sus esfuerzos.

Robyn estaba aniquilada. Habían perdido todo lo que tenían. Su autoestima se hundió y durante seis meses no salió de casa. Jeff iba al supermercado a hacer las compras para ella. Se sumó a la cola de los cupones y le dijeron que jamás conseguiría otro trabajo.

El cambio para los Simpson llegó cuando una de las amigas de Robyn le dio a conocer los productos de limpieza Dominant. Robyn y Jeff no tenían muchas esperanzas de éxito en el negocio. **Pensaban que se necesitaban por lo menos doscientos amigos para comenzar en el campo de la venta directa**. Llegaron del campo y se habían enterrado en su negocio, apenas tenían amigos.

Pero Robyn comenzó a vender los productos de limpieza. Sus primeros cheques de comisiones eran de menos de 10 dólares cada uno.

Se convirtió en el hazmerreír de la familia. El menor ganaba más repartiendo diarios. Jeff prestaba muy poca atención. En su mente, el negocio se hacía en la lavandería y la lavandería no era su territorio. No veía que del trabajo de las mujeres surgiera ninguna promesa de fortuna.

Pero al pasar los meses los cheques aumentaron a 40, 80, 160, 400 y después a 800 dólares por semana. Jeff se incorporó y entonces sí prestó atención. Los Simpson fueron juntos a una conferencia de Dominant, donde, para su sorpresa, Jeff vio a otros hombres. Se dio cuenta que éste no era sólo dominio de las mujeres.

No se trataba de limpieza, se trataba de negocios. Examinó el plan de mercadeo de Dominant, lo analizó y lo comparó con el plan ofrecido por otras compañías. Estaba impresionado con muchos aspectos del negocio, incluyendo la perspectiva de un **auto nuevo**, el hecho

de que el negocio podía ser vendido o dejado en herencia en su testamento. Se dio cuenta de que tenían mayor probabilidad de éxito si trabajaban como equipo.

A Jeff le gustó la idea de que no se podía llegar a la cima por el esfuerzo de otra persona. Es un negocio donde hay que preocuparse y compartir. **Recibieron mucho apoyo de su líder, Graeme Spry**.

"Graeme siempre estaba disponible para nosotros. Nos dio entrenamiento y asesoría", dice Robyn. "Comenzamos a recuperar la confianza perdida y nuestra autoestima positiva". Jeff abandonó la fila de los cupones.

Jeff y Robyn decidieron que el mejor camino a seguir era entrenar a otros para que hicieran lo que ellos hacían. Aprendieron a duplicarse y comenzaron sus propias sesiones de entrenamiento.

Robyn era la "madre" de sus nuevas reclutas, animándolas a aumentar sus ventas y a patrocinar a otras.

Esta historia de éxito se desarrolló en un periodo de menos de un año. Ahora Robyn y Jeff están planeando a futuro. Esperan tomar sus primeras vacaciones juntos después de 23 años de matrimonio. En el curso del año próximo piensan comprar otra casa.

A través de la necesidad, tomaron la oportunidad, recuperaron el respeto a sí mismos y el ansia de vivir. Ahora están buscando a otros a quienes pueden ayudar a alcanzar su realización por medio de la venta directa.

Es una dama mágica

Beth y Stuart Carseldine
Amway
Cuando le preguntaron a Beth Carseldine qué quería de su negocio de Amway dijo: "Sólo quiero salir del negocio".

Cuando el marido de Beth inició sus actividades de Amway en su hogar, Beth sintió que era una invasión de su espacio y de su intimidad. Muy tímida, silenciosa y reservada, con dos hijos pequeños, tuvo que crecer enormemente antes de poder aceptar el negocio de su vida.

Stuart, el marido de Beth, es abierto, extrovertido y emprendedor. Le gusta la gente y decidió rápidamente que el negocio de la venta directa era para él. Le dio a la pareja tres años para llegar a ser Diamantes. Beth sabía que no podía despojarlo de su sueño. Tenía que apoyarlo. Mientras él salía a ver gente, ella estaba telefoneando animando a las personas y diciéndoles que podían hacerlo.

Ella sabía que Stuart quería mejorar su circunstancia. Estaban luchando para pagar la hipoteca, la escuela de los niños y hacer que alcanzara el dinero. "Yo no tenía derecho a detenerlo", dice.

Una vez que Stuart tuvo la categoría de Diamante, llevó a la familia a Inglaterra durante quince meses para trabajar allí en el negocio de Amway. Fue durante esta época, una época de desorden interior, agotamiento y vacío emocional, que se deterioró la salud de Beth. "Ponía buena cara y todavía era capaz de motivar y estimular a nuestro equipo, pero llegó un momento en mi vida en que tuve que enfrentarme a mí misma. **Quería trabajar en el negocio con mi personalidad y ser yo misma, sin ser lo que todos esperaban que yo fuera: una réplica de otra gente exitosa**", dice.

Al regresar a Australia la llevaron a un doctor que también era homeópata. Gradualmente le devolvió la salud, no con píldoras, sin por medio de la meditación. Lentamente alcanzó lo que había estado buscando, paz interior y calma emocional.

Decidió trabajar a partir de sus puntos fuertes, no de los débiles.

Dice: **"Para mí, la honestidad, la integridad y la confianza son las cualidades más importantes en cualquier negocio.** Éstas, junto con mucho amor, son básicamente lo que la mayoría de las personas está buscando. Quizá es idealista, pero tenemos que tratar de hacer de este mundo un lugar mejor para estar".

Beth y Stuart, que son Ejecutivos Diamante, dirigen un negocio sumamente exitoso. Beth aprecia el estilo de vida que su negocio le ha dado a la familia. Están en la casa todos los días cuando los niños regresan de la escuela. Stuart observa a su hijo jugar cricket y le ha dado la oportunidad de tener un entrenador privado para ayudarlo a realizar su sueño de jugar cricket para Australia. "Los niños han aprendido desde la infancia la importancia de fijar metas y de tener una actitud positiva", dice Beth. Ella ha tratado de mantener un equilibrio entre su negocio y el mantenimiento de una familia y un hogar normales.

Beth dice que Stuart es un hombre de empuje. "Vive, duerme, sueña y respira el negocio: Es su energía dinámica lo que le ha dado el ímpetu y el interés al negocio".

Pero el respaldo de Beth, su serena comprensión y actitud honesta le da equilibrio al negocio. **Es una buena oyente, muy observadora y ayuda a las mujeres a ver cómo pueden maximizar su potencial.**

Para Beth, el gran atractivo del negocio es trabajar con las personas y verlas abrirse. "No es sólo alcanzar los grandes logros lo que cuenta para mí, sino **los pequeños pasos de avance** que da cada persona a medida que progresa y gana confianza".

Enseñar de manera distinta

Sandy y Jerry Crockford
Advance Life Foods

Sandy Crockford ha participado en el mercadeo verbal de Advanced Life Foods durante cinco años. Su ingreso sobrepasó su salario de maestra de escuela primaria después de un año. Sandy es mamá de una niña de 8 meses que va con ella a todas partes donde tenga que ir por negocios. Sandy no podía realizar sus sueños como maestra y sentía que se estaba estancando.

Se sintió atraída por Advanced Life Foods porque es una compañía Australiana. "**Es un producto de gran consumo y tiene un gran plan de mercadeo**", dice.

Su marido Jerry ha sido la figura modelo y su mentor en el negocio. Examinaron otras compañías pero consideraron que ésta era la más adecuada a sus necesidades.

"Diría que la persistencia, la determinación y mucho trabajo arduo han contribuído a mi éxito. Como líder, creo en dar un buen ejemplo haciendo cualquier cosa que espero que hagan ellas. El negocio me ha dado una gran confianza, mayor autoestima y una imagen más pulida".

Sandy hace ejercicio con regularidad y practica en el gimnasio para reducir la tensión. Pasea a su perro y le gusta velear. Sandy también cree que hay que comer una dieta nutritiva y balanceada suplementada por vitaminas B. Lógralo, Sandy.

El toque femenino se convierte en oro

Fiona y Peter Strintzos
Nutri-Metics
35 años

Fiona Strintzos era una calificada maestra de arte y

artesanías quien después de siete años de enseñanza abandonó su trabajo para pasar más tiempo con sus dos hijos.

Hoy es una gerente regional de Nutri-Metics con un equipo de más de 700 consultoras, 19 de las cuales son directoras de distrito.

Debido a sus antecedentes profesionales, Fiona ha tenido un enfoque diferente al formar su negocio durante los últimos nueve años. **Ofrece un enfoque hacia una carrera profesional más que una oportunidad de medio tiempo.** Su entrenamiento está orientado hacia personas que quieren llegar a ser mujeres profesionales de negocios.

Muchas de las del equipo de Fiona pertenecen a minorías, sus nacionalidades cubren un amplio espectro, desde griegas, turcas e italianas hasta chinas y de otros países asiáticos.

En la venta directa, Fiona ve un gran potencial para las mujeres de minorías. "Muchas de estas mujeres son inmigrantes provenientes de otros países que tienen fuertes vínculos en sus propias comunidades pero que no pueden utilizar sus habilidades profesionales debido al cambio de país y de ambiente".

Fiona ha diseñado un extenso programa de liderazgo y entrenamiento. Todavía hace dos presentaciones por semana y hace girar su entrenamiento alrededor de *Showplan*, que cree que es la mejor manera de vender el producto. Se enfoca en cómo conseguir citas y enseña a las muchachas las técnicas de patrocinio.

"No importa cuán efectiva pueda ser una consultora en las ventas personales, su negocio no tomará vuelo hasta que utilice el poder de compartir la oportunidad, emplee ventajosamente su tiempo y cree un equipo".

Fiona también les da a las muchachas un extenso conocimiento del producto, desarrollo personal y entrenamiento para el manejo de la tensión.

El marido de Fiona, Peter, estuvo hasta hace poco en su propio negocio de comida. Ahora se ha unido a Fiona de tiempo completo para desarrollar su negocio de Nutri-Metics. A la pareja les encanta trabajar juntos. No definen ni separan sus papeles. **Simplemente hacen en equipo cualquier cosa que haya que hacer**. Fiona hace más demostraciones y Peter está dando más asesoramiento, entrenamiento y administración.

La presencia de Peter en el negocio es una fuerte carta de atracción. Dice que mientras que muchos maridos podrían ver inicialmente la participación de sus esposas en un plan de fiestas para vender como una operación de caricatura, él ve que hay más hombres atraídos hacia las sesiones de entrenamiento de Srintzos una vez que saben que él estará allí.

Peter dice que las mujeres casadas no pueden progresar sin el apoyo de su marido. Cree que la suma de fuerzas hace posible que el negocio se concrete más rápido.

Peter ha inyectado una sensación de urgencia en el negocio. Tiene una visión general más clara de adónde quiere que vaya su negocio. **Quiere seguridad económica** y está viendo que trabajar desde su casa le da la oportunidad de pasar más tiempo con sus dos hijos.

Dice que la mentalidad australiana típica es conservadora, convencional y escéptica acerca de la venta directa. "Ahora hay más personas forzadas a examinar las oportunidades alternativas".

Al estar ambos en el negocio, ahora Fiona hace un esfuerzo consciente de no permitir que el trabajo los consuma. Pone su negocio en perspectiva. "No creo en tener una actitud evangelizadora hacia Nutri-Metics. **Trato de desconectarme cuando estoy distrayéndome o con los amigos y la familia**".

Fiona ha disfrutado un considerable crecimiento personal por el medio del desarrollo de su negocio. Goza al hablar con grupos grandes y siente que está haciendo algo excitante y satisfactorio.

Simultáneamente con su logro personal, dice que su trabajo también ha sido bueno para sus hijos. "Se han vuelto adaptables e independientes: No me dan por descontada. Disfrutan los beneficios de una educación en escuela privada, un estilo de vida cómodo y viajes a Disneylandia":

Capítulo 16

Entrevistas a las estrellas

Evelyn Hunter, Juguetes Jigsaw

Helen Kaminski, Joyería Emma Page

Pauline Handy, Cosméticos Yves Rocher

Margaret Brain, Cristalería Princess House

Marcia Griffin, Cosméticos Pola

Trudy Hallett, Cosméticos Pola

Introducción

Todas las mujeres entrevistadas venían de ambientes diferentes, tenían diversos niveles de educación y tenían distintas razones para iniciarse en la venta directa.

No obstante, cuando leas sus historias verás que todas compartían una visión. Tuvieron similares **experiencias de crecimiento personal**. Para todas, las recompensas significaban más que ganancia y dinero. **Las mayores ganancias de sus negocios** son su **mayor confianza en sí mismas, mayor autoestima e increíbles estilos de vida**.

Algunas de estas entrevistas fueron realizadas por teléfono, fax o correo. La mayoría fueron personales. La longitud de cada una no refleja el éxito o la contribución que ha hecho cada persona.

Trabajar con más inteligencia, no con más intensidad

Evelyn Hunter
Fábrica de Juguetes Jigsaw
Después de más de diez años con Jigsaw, Evelyn Hunter es ahora una gerente ejecutiva.

En su vida pasada, fue profesora de economía doméstica durante diez años. Hoy tiene dos hijas que tienen 10 y 12 años.

Como ama de casa necesitaba un mayor desafío. "Tenía que encontrar algo que me sacara de la casa, pero tenía la impresión de que la venta directa era agresiva".

En aquella época el marido de Evelyn estaba en la publicidad y viajaba mucho. Se deprimió después del nacimiento de su segunda hija y se sintió estancada en su papel doméstico.

Fue entonces que conoció a Jeanie McKendrick, la di-

204

rectora ejecutiva de Jigsaw. Inicialmente el marido de Evelyn creyó que ella jamás ganaría dinero pero estaba decidida a darse una oportunidad.

"Posteriormente, cuando vio cuánto éxito tenía, me empujaba para que saliera", dice ella.

En una etapa su esposo fue despedido de su empleo y durante un tiempo Evelyn sostuvo a la familia. Ahora él tiene otro trabajo.

Evelyn ama la excitación y el estímulo de conocer a nuevas personas y cree que tiene una verdadera carrera. Una vez que se involucró con Jigsaw, su depresión cedió. Recuperó su confianza y volvió a ser como era.

Ahora se está concentrando en trabajar de manera más inteligente, no más intensa. Hace sus Charlas (fiestas de juguetes Jigsaw) pero hace más trabajo de reclutamiento con otras gerentes. **Su equipo de ciento veinte personas realiza operaciones por más de 1.2 millones de dólares al año.**

Evelyn piensa en la compañía como si fuera una extensión de su familia y ve a Jeanie como su "mamá" desde que perdió la suya hace algunos años. Encuentra divertido su trabajo y convive con muchas colegas. **"Apoyar a otros para que triunfen es una experiencia muy valiosa"**, dice.

Su trabajo le da flexibilidad de recoger a sus niñas a las 3:30 p.m. y ser mamá y manejar el automóvil en la tarde. Dice que sus niñas están orgullosas de lo que ha logrado.

Evelyn hace que su negocio parezca no requerir esfuerzo. Cree profundamente en el servicio al cliente, en mantener abiertos los canales de comunicación con los clientes, enviando notas de agradecimiento y haciendo llamadas de seguimiento. Cree en la dirección desde el frente, en poner un buen ejemplo, crear una relación con su gerente y ayudar a su equipo a fijar las metas. Le gusta conocer nuevas personas y se preocupa auténticamente por las amistades que ha creado a través de Jigsaw. **"Se ha convertido en más que un trabajo, más que una carrera, es un estilo de vida".**

De regreso, con bebé y todo

Helen Kaminski
Joyería Emma Page
37 años

Helen Kaminski ha estado con Emma Page durante nueve años. Pero no todo ha sido fácil durante cada uno de ellos.

Helen ingresó a la compañía después de estudiar diez años de computación, contabilidad y procesamiento de datos. No era académica y dejó la escuela al final del décimo año. En su primera carrera se sentía frustrada por las limitaciones de su trabajo.

Una amiga de Nueva Zelanda estaba vendiendo la línea de joyería de Emma Page. Cuando Helen la vio por primera vez, decidió incorporarse sólo para comprar la joyería.

A partir de entonces le llevó cuatro años llegar a la cima con un equipo de sesenta vendedoras. En 1987 Helen tenía cuatro gerentes en su división y alcanzó récord en la compañía, una posición que retuvo durante dieciocho meses.

Pero cuando se cambió de una ciudad a otra, dos de sus gerentes dejaron el equipo y ella luchó por mantener su posición.

La falta de experiencia en liderazgo o administración,

provocó que se le escaparan las riendas de su negocio. Pronto estaba perdiendo las conferencias internacionales y luchando por organizar demostraciones y desarrollar su negocio.

"Me desmoralicé y perdí mi red de negocios por mi actitud negativa y mi incapacidad para dirigir", dice.

Ahora está reconstruyendo su negocio, esta vez aprendiendo de sus errores. Se está **concentrando en desarrollar sus capacidades gerenciales** y está atrayendo a diferentes tipos de mujeres para construir una nueva base. Se ha convertido en una mejor comunicadora y esto ha mejorado el nivel de sus relaciones personales.

Helen está entusiasmada con su trabajo. Ama la joyería y disfruta ayudando a otras a alcanzar sus metas. Tiene una excelente gerente que ha sido su maestra y su figura modelo.

Cuando nos conocimos, Helen burbujeaba de excitación y tenía dos buenas razones para su entusiasmo. Acababa de comprometerse y pronto iba a tener su primer hijo.

Su novio Warren le apretaba la mano: "Estoy muy entusiasmado con el negocio de Helen y personalmente estoy obteniendo un gran beneficio al asistir a las sesiones de entrenamiento con Helen".

Warren comparte el programa de desarrollo personal con Helen y ha descubierto que lo que aprende lo está ayudando a organizar un negocio como diseñador de juguetes.

Helen dice que su mayor obstáculo ha sido su falta de autoestima. Está ansiosa por aprender y su autoestima crece con cada logro. Ahora otras mujeres la miran como a su figura modelo y su meta es ayudarlas a definir y alcanzar sus propias metas. Tiene asegurados siete viajes internacionales y se ha ganado un lugar en el próximo seminario. Como su bebé debe nacer por las mismas fechas en que se efectuará el seminario, no podrá asistir.

Helen ha tenido la experiencia de organizar una vez su negocio y perderlo. **Se necesita gran coraje para reconstruirlo nuevamente**. Está aprendiendo más cada día.

Un hermoso equilibrio

Pauline Handy
Yves Rocher
41 años
Pauline Handy dice que en la venta directa es importante comprometerse con una compañía al 100 por ciento.

Ha visto personas que se vuelven "adictas a la venta directa", flotando de una compañía a la otra. "**Elige una**, no pruebes en demasiadas y asegúrate de tener a tu esposo a tu lado logrando que se involucre en lo que estás haciendo".

Pauline Handy es una gerente regional de la compañía de cosméticos Yves Rocher. Ha estado con la compañía durante más de ocho años, desde su creación en Queensland. Alcanzó su nivel en 1989 y tiene ochocientas consultoras en su división. Este año su región tendrá operaciones de cerca de un millón de dólares.

Pauline es encantadora e instantáneamente agradable. Cuando comenzó su negocio sus cuatro hijas tenían dos, cuatro, seis y ocho años. Pauline es muy dedicada a la familia y ama su papel de esposa y madre. Pero siempre ha sentido la necesidad de salir y hacer "algo".

"Como han dicho otras mujeres, pierdes la confianza en ti misma si te quedas en casa y te conviertes en un vegetal. Yo me estaba sofocando", dice.

"Mi esposo tiene carácter fuerte. Sentí que debía tener algo para mí misma y no estar dominada o sentada en casa mientras él salía a hacer negocios interesantes. Necesitaba convertirme en la relación".

Pauline buscaba un desafío. Cuando encontró a Yves Rocher, la oportunidad del negocio le dio dirección y propósito a su vida.

"Me gusta salir, vestirme bien, conocer diferentes personas y tener una vida lejos de las niñas y las labores domésticas —dice—, siempre estuve buscando un desafío".

Desde que encontró su dirección ha modelado una excitante carrera para sí misma. Tiene ama de llaves que a ayuda a resolver la parte doméstica.

"Creo que las australianas no deberían sentirse culpables por salir a trabajar y tener una sirvienta en casa. Esto te libera para realizar más actividades, dice Pauline.

Pauline ha desarrollado por su cuenta gran parte de su negocio. Está motivada interiormente, tiene una actitud positiva, es entusiasta, disfruta lo que hace y cree en la posibilidad de volver positivo lo negativo.

También es una gran líder de equipo, cree que no debes hablar despectivamente a las consultoras. Ha disfrutado la excitación de ir a seminarios en el exterior, ha ganado buen dinero en su negocio y su confianza personal se ha fortalecido.

Ha enfrentado el desafío de hablar en conferencias y aspira a hacer un viaje alrededor del mundo, que es un gran incentivo para su negocio.

Pauline también dirige un club para mujeres con hijos. Ha descubierto que hay muchas mujeres que siguen encerradas en casa con sus hijos. "Se sienten aisladas y tienen muy poco apoyo emocional", dice.

Una vez al mes invita a estas mujeres a su casa, donde pasa el día atendiéndolas. Pueden dejar sus bebés e irse, o quedarse para ser atendidas por Paulinne.

El esposo de Pauline le ha brindado apoyo en el desarrollo de su negocio. Él ha trabajado en la industria licorera organizando conferencias y seminarios. Ahora Paulina planea que su esposo se involucre más en el negocio de ella. **Planea cuidadosamente su tiempo, dejando los fines de semana para su familia, y trata de no faltar por la noche.** Siempre está disponible para sus niñas pero planea su día en torno a su negocio.

"Me siento de cuatro a seis de la tarde para llamar por teléfono a los miembros de mi equipo y saber cómo les va; de seis a ocho es para la familia. Después de las ocho hago mis llamadas de larga distancia y trabajo hasta las diez poniéndome al día con el papeleo y escribiendo boletines.

Durante la mañana hago tratamientos faciales, me reúno con mujeres para compartir la oportunidad y hago mis entregas".

Pauline todavía encuentra tiempo para ver a su madre, quien ha sido una figura modelo perfecta. Siempre trabajó para aumentar el ingreso familiar. Pauline dice que siempre tiene tiempo para darles un beso y un abrazo a sus hijas, atender sus necesidades y preparar las loncheras.

Cree que necesita verse bien, aun cuando está en casa con las niñas. Le gustan los colores vivos y brillantes.

Pauline Handy disfruta su trabajo.

Tiene éxito y le gusta ser su propia jefa y fijar sus propias metas.

Detrás de cada mujer de éxito hay un hombre

Margaret Brain
Cristalería Princes House
40 años

Margaret Brain vive en Glenhaven, Nueva Gales del Sur. Es madre de dos hijos, uno de siete y otro de diez años, y está casada con un hombre maravilloso, cooperativo y estimulante llamado Neil.

Margaret trabajó muchos años en el departamento de ventas y mercadeo de una compañía de computadoras. Después pasó siete años en casa con sus niños antes de buscar una oportunidad para recuperar su independencia financiera.

Cuando busca un negocio, las cosas más importantes a considerar son un horario que le convenga a su familia y el reconocimiento de sus esfuerzos. "**Mi mayor obstáculo era convencerme a mí misma de que la venta directa era para mí, pues era un concepto totalmente nuevo de obtener un ingreso**", dice.

Margaret quedó impresionada por la línea de productos de Princess House, los incentivos que le ofrecía la anfitriona y su plan de mercadeo, además a Margaret le encantaba la gente.

Su esposo Neil la ha estimulado durante todo su camino al éxito. Autoempleado él mismo, comprendió la dedicación, los sacrificios y las horas que a veces tenía que dedicar ella para llegar a tener éxito.

Margaret cree que ha alcanzado sus metas al tener el apoyo total de su esposo así como una actitud positiva, la determinación de hacer bien su trabajo y el deseo de compartir e interesarse por los demás. Conduce su equipo con el ejemplo. También cree en la honestidad y la integridad, y trabaja arduamente para motivar a su equipo.

El éxito de su negocio le ha proporcionado independencia, viajes al exterior, seguridad económica, sentido de autoestima. "Me siento bien conmigo misma. También soy una esposa y madre feliz al estar contenta con mi vida, quiero hacer que mis hijos sean triunfadores".

Margaret busca el lado positivo de cada situación. No se altera con facilidad. Cree que la tensión y la preocupación son dos emociones totalmente improductivas. "Mis hijos son muy afortunados, viajan al exterior, entienden las metas y la emoción de ganar. Cree en ti misma y en todo lo que puedes hacer. Siéntete orgullosa, diviértete con todo lo que hagas. **Aprende de los malos ratos y tómate tiempo para disfrutar los buenos**".

Del jet set a la venta directa

Marcia Griffin
Cosméticos Paola
Lo tenía todo, estudios profesionales, una carrera destacada, casada con un gran tipo. Entonces se dedicó a la venta directa. "Jamás he sido más feliz", dice Marcia Griffin.

En Junio de 1982 Marcia Griffin le volvió la espalda a su carrera como máxima asesora económica de la Corporación de la Lana y se convirtió en la consultora de Pola, vendiendo cosméticos sacados de una caja.

Esta línea de cosméticos era desconocida en Australia. Ella fue su primera consultora. Hoy Marcia Griffin es gerente general de Cosméticos Pola de Australia. La compañía tiene casi tres mil consultoras e intenta tener 3 400 a finales de 1992.

Pola es una compañía japonesa fundada en 1929. Hoy es la segunda compañía en el mundo en la venta directa de cosméticos y artículos para el cuidado de la piel y tiene doscientas mil consultoras en el mundo.

Ella dice que recibe su mayor satisfacción al ver a las mujeres adquirir la confianza y la autoestima que vienen con el ingreso que ganan como consultoras de Pola. "Ha sido una experiencia que me ha enseñado mucho acerca de las mujeres y su lugar en la sociedad".

Marcia cree que **el dinero es la clave de la independencia de una mujer** y que todas deberían saber cómo manejar las finanzas y controlar sus propios ingresos. **"Las feministas hablan de conseguir la igualdad. Cuando obtienes la independencia económica obtienes la igualdad"**, dice.

También dice que las mujeres deben estar preparadas a comprometerse con sus carreras si quieren progresar. **"Muchas mujeres permiten que sus emociones se inmiscuyan en su vida de negocios, y al hacerlo, sabotean su probabilidad de triunfar"**.

213

Capítulo 17

Mujeres triunfadoras

Peta Holmes, Amway

Laraine Richardson, Productos Nutricionales Herbalife

Catherine Clarke, Enciclopedia Británica

Gillian Chan, Mary Kay

Kate Cope, Sistemas Pro-Ma, Cosméticos Grace

Doreen A. Rose, Nutricional Neo-Life

Joy Olney, Advanced Life Foods

Un logro fantástico

Peta Holmes / Amway

Peta Holmes es una de sólo dos Dobles Diamantes de Amway que hay en Australia. Éste es un logro asombroso, especialmente cuando uno sabe que Peta lo alcanzó en un tiempo tan corto.

Peta ingresó a Amway en 1974, después de trabajar en una agencia de viajes durante unos años. Tiene dos hijos varones, ahora de 16 y 14 años. Tres años después de ingresar a Amway, el 5 de junio de 1977, Peta conoció a una pareja que había alcanzado el nivel de Diamantes en Amway. Decidió emular su éxito y sólo le llevó dos años alcanzar el nivel de Diamante.

A Peta le gustan las grandes metas. Dice que fracasó en la preparatoria y sus profesores la designaron la estudiante con menos probabilidades de triunfar en una carrera. Peta dice que hoy gana más cada año que el resto de sus compañeras de clase juntas.

Peta se divorció hace seis años y considera que es una ventaja para su negocio. Dice que es mejor que estar casada con alguien negativo.

Se convirtió en triunfadora a través de determinación y la concentración. Peta cree firmemente en **el poder de la visualización**. Ella visualiza un evento, lo piensa completamente y entonces sabe qué va a suceder. Afirma que las personas que no visualizan efectivamente no triunfarán.

Además de las recompensas financieras, el negocio de Peta ha hecho mucho por su desarrollo personal. Me dijo que es introvertida y le gusta su propia compañía.

Ahora a aprendido a tratar a las personas a cualquier nivel, desde el gerente de banco hasta profesionales de cualquier *status*. Depende de sus propias decisiones, confía en sí misma y se ha vuelto sociable con la gente debido al contacto que tiene con una enorme cantidad de personas.

A veces su enorme negocio la aplasta. "He aprendido a desconectarme para aliviar la tensión. Soy gentil conmigo misma. Voy a la peinadora, a una terapista de belleza, a un masaje o busco alguna otra forma de consentirme. **'Si yo no estoy bien, ninguno de nosotros está bien'** ", les dice a sus hijos. Dice que las australianas no se consienten lo suficiente.

Peta cree que una de las cosas más importantes que hay que recordar al patrocinar a una pareja, es tener a la mujer de su lado. "Si la mujer es negativa, estará resentida porque su esposo sale en la noche a desarrollar su negocio", dice Peta. "Lo hará sentir culpable y finalmente evitará que lo haga. Si por el contrario la mujer está entusiasmada con el negocio, elogiará a su marido por salir a reclutar. Preparará su comida favorita, hará citas para él y lo estimulará en su empresa".

Peta dice, haz las cosas importantes primero y delega el resto a los demás. **Ver personas es la función más importante en el negocio**. Peta subrayó que primero se debe mostrar a la gente el plan del negocio y después los productos. "De otro modo, se convierten en clientes y jamás exploran la oportunidad de hacer negocio".

Le pregunté cuán directa era para compartir los planes del negocio con nuevas reclutas potenciales. Peta dijo que a menudo llamaba a la gente que había conocido y preguntaba de manera discreta si podían encontrarse para comentar algunas ideas que podían ser de

217

interés para ellas. "Con frecuencia las personas tienen fuertes prejuicios respecto a Amway. Si les dijera directamente por qué deben venir, es probable que se nieguen incluso a ver el plan. Por lo menos un acercamiento discreto permite que más personas vean por sí mismas el plan del negocio", dice.

Peta tiene excitantes planes para el futuro. Está incursionando en Indonesia, así como en Italia y Austria. Dice que Indonesia, por ser un mercado nuevo, le permite un acercamiento abierto y directo, pero que es necesario ser sensible a las diferencias culturales. **"Las diferentes culturas tienen metas distintas"**. "En Australia, tu casa propia es todo. En Italia, vestirse bien y que no te vean en Roma en agosto es todo".

Peta le enseña el negocio a alguien que es bilingüe y luego emplea a esa persona clave en cada país. Permanece en estrecho contacto con aquéllos a los que patrocina hasta que se asegura que están obteniendo un ingreso seguro de alrededor de 50 000 a 60 000 dólares anuales.

Peta quiere una gran participación en los mercados exteriores. Me dijo, con una chispa en los ojos, que Amway abrirá un nuevo mercado en China para 1994. Así que hay mucho trabajo por delante para ella.

Entrar a la buena vida

Laraine Richardson / Productos nutricionales herbalife

Laraine Richardson es una mujer abierta, activa, que irradia salud, éxito y ansia de vivir.

Pero su vida no siempre ha sido fácil. Su relación con Herbalife no sólo la ha transformado de ser una rutina física en cuanto a su salud, también ha cambiado su estilo de vida y *status* **financiero, de una esforzada mamá sola a ser alguien que gana un millón de dólares.**

Laraine tiene dos hijos, Ben de 13 años y Danny de diez. Fue profesora de preparatoria en la Costa Central durante más de diez años. Laraine conoció Herbalife gracias a su doctor, quien se lo recomendó como último recurso para ayudarla con su asma y eczema, y para su recuperación después de una cirugía en la columna. Durante los primeros cinco años Laraine usó el producto, recuperó la salud y tuvo ingresos regulares en su medio tiempo.

Cuando su matrimonio se deshizo hace cinco años, Laraine se encontró en peligro de perder su casa. Pidió un plazo de tres meses más para los pagos al banco y buscó ayuda en su negocio de Herbalife.

Laraine dice que jamás ha perseguido el dinero, en cambio sí ha perseguido la actividad. Creía en el producto, tenía fe en la compañía y decidió venderlo con todo su entusiasmo. Su impulso era la necesidad de mostrarles a sus hijos que en la vida no retrocedería, sólo iría hacia adelante.

Laraine dice que las comisiones en Herbalife son altas y que el producto habla por sí mismo. Laraine, como otros en Herbalife, lleva un distintivo con un lema: **"Para que cambien las cosas tienes que cambiar tú. Para que mejoren las cosas tienes que mejorar tú".**

Ella tiene ahora más de veinte mil personas en su equipo y gana más en un mes de lo que gané en tres años de enseñanza.

Laraine trabaja desde su casa y organiza su negocio en torno al horario de sus dos hijos. Ellos asisten a escuelas privadas y han disfrutado viajes a Disneylandia.

Ella se siente positiva y excitada por su futuro.

"Mi continuo éxito se ha debido a que he apoyado a quienes están en mi equipo. En nueve años con la compañía sólo he patrocinado a doscientas cincuenta persona", dice.

"Les enseño a los demás a ayudarse a sí mismos. No soy una 'máquina de reclutar'. Prefiero cuidar a la gente y enseñarle profundamente".

Insiste en que no es un plan para enriquecerse rápidamente, sino un negocio muy compensador si estás preparada para hacer el esfuerzo. "El producto me permite verme y sentirme mejor y esto a su vez me da más confianza. **La riqueza más grande para mí ha llegado en la forma de mi crecimiento personal**".

La compañía proporciona entrenamiento gratis. Laraine ha sido inspirada por el presidente y fundador de Herbalife, Mark Hughes.

"Siempre he sentido que la compañía se preocupa por los distribuidores y siempre hace el esfuerzo extra para que las cosas sean más fáciles para ellos".

A Laraine le encanta viajar y ahora ha establecido un negocio internacional. Dice que la vida está mejorando cada vez más.

Hace olas en un "mundo masculino"

Catherine Clarke / Enciclopedia Británica

45 años

Catherine Clarke está casada, vive en Orange, Nueva Gales del Sur, y tiene siete hijos con edades que van de los cinco a los 21 años. También es una de las máximas trabajadoras de Enciclopedia Británica.

Antes de los dieciocho meses de ingresar a la compañía, Catherine estaba ganando 75 000 dólares de comisiones anuales.

Antes de comenzar a vender enciclopedias, Catherine era ayudante en una biblioteca y madre. Para ganar dinero extra fue mesera, acomodaba estantes en un supermercado y trabajó medio tiempo como secretaria de escuela.

Esta dama puede no tener una lista de grados, pero **tiene una enorme capacidad para el trabajo pesado**. Catherine eligió Enciclopedia Británica porque estaba relacionada con la educación de los niños, lo cual le interesa mucho, y con los libros, que llegó a amar a través de su trabajo en la biblioteca.

Catherine está muy dedicada a la educación de sus propios hijos y se relaciona bien con las personas. También está preparada para trabajar muy intensamente. Su éxito en los negocios ha aumentado su confianza y su respeto por sí misma.

"Siento que ahora he ganado el respeto de mis amigos, colegas y compañeros. Mi esposo me ha apoyado mucho y se enorgullece por lo que he logrado. Pienso que mis hijos están muy orgullosos también de lo que su mamá ha hecho", dice.

"He podido usar el ingreso extra para darle más a mi familia. **En la casa hay menos tensión ocasionada por cuestiones económicas**. Estoy más relajada, confiada y como resultado de mis ganancias tengo una familia muy unida", dice.

El mayor obstáculo para Catherine surgía de que era una mujer muy exitosa en un mundo de hombres. Muchos de sus colegas se sentían amenazados por su éxito. Pensaban que podían dominarla. Algunos trataron de socabar y sabotear sus esfuerzos.

221

"Decidí obtener poder y renuncié. Los gerentes se alteraron mucho y me rogaron que regresara. Me aceptaron en diferentes términos. **Había demostrado que no era blanda,** que no me eliminarían fácilmente con sus maniobras. Ahora disfruto una maravillosa relación de trabajo con todos mis colegas, son un gran grupo", dice.

Catherine dice que su familia es el centro de su vida. "Estoy preparada para hacer grandes esfuerzos por su bienestar".

Es verdaderamente una gran dama, alguien que ha puesto un ejemplo maravilloso como madre y como triunfadora en los negocios en un mundo dominado por el hombre.

De un aula al centro mundial de congresos

Gillian Chan / Cosméticos Mary Kay

32 años

Guillian Chan es una rubia menuda, delgada, que dejó su trabajo de tiempo completo como profesora de preparatoria para seguir una carrera con Mary Kay. Ella dice que comenzó a enseñar con grandes ideas pero que pronto se desilusionó. "Me di cuenta de que el *establishment* estaba demasiado atrincherado como para cambiar. Me gustaba la idea de tener mi propio negocio. **Quería ser mi propio jefe y no tener que responderle a nadie".**

Guillen es una persona muy analítica. Cuando le mostraron el plan de Mary Kay lo estudió en detalle. "Después leí la autobiografía de Mary Kay y me sentí inspirada", dice. "Quería investigar más profundamente la compañía, así que tomé una licencia de unos días y volé a Melbourne para asistir a la convención de Mary

Kay en el Centro Mundial de Congresos. Ese seminario fue el comienzo de mi nueva vida".

Se encontraba estimulada y entusiasmada. Renunció a su empleo de profesora y comenzó a desarrollar su negocio.

"He tenido un apoyo tremendo del personal corporativo de Mary Kay. Siempre han estado estrechamente involucrados en mi negocio".

Gillian anima a la gente de su equipo a descubrir qué es lo que realmente quieren y las ayuda a desarrollar su carrera. "Soy una persona mucho más feliz desde que ingresé a Mary Kay. Era una persona callada, tímida, modesta; ahora tengo confianza, me he convertido en buena oyente y me siento mucho más sabia".

Al estar en contacto con muchas personas diferentes ha desarrollado su intuición. **"Trato de ponerme en los zapatos de otros, de manera que soy capaz de comprenderlos"**, dice. "Aunque no soy madre, me imagino cómo es para ellas. Este negocio contribuye mucho a formar el carácter. Me he convertido en una persona más decidida y positiva. Ahora puedo pensar por mí misma. Puedo tomar mis propias decisiones. Aunque no siempre tengo la razón, ahora tengo las agallas de tomar una decisión. Este tipo de desarrollo personal no tiene precio".

Guillian conoció a su marido cuando estaban en la universidad. Él es chino, inmigrante de Hong Kong y está en el negocio de las computadoras. Su familia también les da mucho apoyo.

Ella dice que su filosofía es sacar el máximo partido de cada día, fijando correctamente sus prioridades. "Pongo gran fe en el valor de la familia. Mi mayor obstáculo ha sido vencer mi falta de confianza. Me resultaba difícil, como joven consultora de veintitantos, estar asesorando a mujeres de más de 40. Ahora tengo una nueva confianza en mí misma y puedo hablar ante grupos grandes. Todavía me pongo nerviosa cuando es la primera vez en un gran evento, pero disimulo bien mis nervios".

Cree que nada es más importante que la familia y los amigos, sin hacer caso del dinero.

El éxito conduce al verdadero amor

Kate Cope / Sistemas Pro-Ma, Cosméticos Grace

Kate Cope es una mujer atractiva y exuberante que había sido maestra de escuela primaria durante trece años cuando descubrió a Pro-Ma.

Primero probó los cosméticos Grace a causa de su cutis sensible, y no sólo le sentaron bien, sino que la hicieron resplandecer. Ahora tiene más de mil personas en su equipo.

"Siento que Pro-Ma me ha dado la oportunidad de experimentar la emoción de un negocio excitante sin lo que implica la verdadera responsabilidad de gastos directos, flujo de efectivo, existencias y fabricación", dice.

Kate es muy directa a propósito de sus actividades. "Les digo a las personas lo que hago. No trato de disimular mi negocio. Siento que mi compañía me hace valiosa y apreciada. La gente escucha lo que tengo que decir".

Ha sido inspirada por Sandra Fittler, la esposa del fundador Val Fittler, **a quien ella ve como "el latido" de Pro-Ma.** "Los talleres para mujeres a los que he asistido han sido valiosos para el propio desarrollo personal. Me han enseñado comunicación efectiva, humildad y compasión".

Kate disfruta su negocio. Gana bien y difunde una aura de energía dinámica, vitalidad y amor por la vida.

Recientemente Kate conoció a un hombre a través de sus actividades comerciales. "Iba a tener una noche de presentación de oportunidades y decidí invitar a los hombres de mi área que estaban en el negocio de accesorios para autos. Quería hacerles conocer el sistema de cuidado para el automóvil de Pro-Ma". Revisó el periódico local e hizo una lista de todos los negocios de accesorios del área. Los invitó a todos y en el proceso **se enamoró de uno de los hombres de la lista**. Han sido felices juntos desde el día en que se conocieron.

Un revés que se convierte en bendición

Doreen A. Rose/Productos nutricionales Neo-Life

59 años

Doreen A. Rose ha estado con Neo-Life casi ocho años, y en ese tiempo ha aumentado su capacidad para ganar dinero a 15 000 dólares brutos por mes. Aunque comenzó su negocio dedicándole tiempo completo, lo logró plenamente después de dos años.

Doreen había sido secretaria durante muchos años y también trabajaba con su padre, que era un granjero innovador. Es soltera y no tiene hijos.

Su motivación para iniciar el negocio fue la mala salud. En 1983 se le desarrolló un cáncer en el intestino y estuvo muy enferma. No quería regresar a un trabajo de nueve a cinco. Doreen quería un negocio que pudiera atender en su propio horario y su propio ritmo.

Doreen examinó otras tres compañías de venta directa pero finalmente seleccionó Neo-Life. "Su información acerca de los productos era sensata y me gustó la administración", dice.

Atribuye su éxito en parte a su persistencia. "**Tengo 'adherencia'. También soy confiable y tengo sentido común, una fuerte ética de trabajo y deseo de aprender.** Me gusta enseñar y mostrarles a las personas cómo liberarse". Como líder, cree en la importancia de dar el ejemplo y demostrar integridad. Tiene una gran capacidad para dirigir a los demás. Además de sus compensaciones financieras, Doreen ha adquirido mayor confianza en sí misma, ha mejorado su autoestima y tiene una comprensión más profunda de las personas.

Es una cristiana que cree que su misión es compartir con los demás la bendición de la buena salud, la independencia financiera y el pleno desarrollo personal.

Su mayor revés, el cáncer que casi la mata, fue una bendición disfrazada. Enfrentó la desgracia con fortaleza y coraje. A través de su relación con Neo-Life, fue capaz de volver a organizar su vida. No ha tenido más tropiezos en el negocio que el desafío de hacerlo todo sola. "El negocio me ha permitido aceptar a las personas como son y me he vuelto mucho más tolerante".

Las metas de Doreen son compartir y enseñar a las personas a vivir al estilo Neo-Life. "Veo esto como un medio para desarrollar todo su potencial y para que se conviertan en lo mejor que pueden ser".

Mercadotecnia con una misión

Joy Olney / Advanced Life Foods
49 años
Joy Olney fue la primera Directora de Planta de

226

Advanced Life Foods en Victoria. Como su nombre lo sugiere*, es una mujer cálida, tierna, que irradia serenidad, paz y calma.

La cocina de su casa de Melbourne está llena del tentador aroma del pan recién horneado, mientras ella explica su negocio, basado en la nutrición.

Advanced Life difiere de algunas de las otras compañías de venta directa porque se apoya en el "mercado de boca en boca". Con este concepto la distribuidora comparte el producto con otras personas interesadas, quienes tienen la oportunidad de pedir el producto directamente a la bodega.

Joy abandonó la escuela a los 15 años. Académicamente no le había ido bien. Dice que le faltaba confianza y era tímida. Su ambición era casarse y ser una buena madre. Conoció a su marido y se casó con él, que dirigía un exitoso negocio de construcción desde su casa, así formaron una familia.

Como cualquier buena madre, Joy quería cocinar comidas saludables, bien equilibradas. **Cuando conoció a Advanced Life, la atrajo el valor nutritivo de los productos**. Aunque al principio no le interesaba un negocio, su ansiedad por compartir los beneficios de los alimentos la impulsó a la acción. Lentamente aumentó la velocidad.

"Pensé, todos pueden beneficiarse con Advanced Life Foods. Todos los necesitan. **Lentamente comencé a verme como una mujer de negocios**", dice.

Ella comenzó a atraer a su grupo a personas con mentalidad similar. Vio la necesidad de las mujeres de hacer algo constructivo en su tiempo libre. Sus hijos crecieron y dejaron el hogar.

* *Joy* significa alegría, felicidad (N.T.)

Aunque Joy mantiene firmemente **la opinión tradicional de que el lugar de una mujer está en su hogar**, no sintió que eso fuera suficiente para justificar su existencia.

"Cómo podrían las mujeres ser responsables ante sus maridos, sentadas en su casa todo el día viendo televisión", dice. "Nunca he sido así. Me levanto, me visto, me maquillo y lleno mi día con actividades constructivas".

Mira a Dios para que **la guíe en su negocio**. Cree que él ha bendecido su negocio y se siente en paz con lo que está haciendo.

Es una triunfadora discreta. De tener miedo de abrir la boca, ahora dirige un grupo y ha hablado en nombre de su compañía en convenciones estatales. El éxito de su negocio le ha permitido a su marido responder a la ambición de su vida y escribir libros acerca del cristianismo.

"Literalmente él me empujó fuera del nido. Me dio el apoyo moral para hacer más cosas", dice Joy. Durante los últimos meses su marido se ha involucrado más activamente en el negocio, ayudándola en el entrenamiento y viajando con ella fuera de la ciudad.

Joy atribuye parte de su éxito a la atención que se presta al detalle personal. Cree en la importancia de vestirse apropiadamente cada vez que sale, "aunque sea al supermercado; nunca sabes con quién vas a encontrarte".

Otros secretos para el éxito, según ella, incluyen: una efectiva planeación del tiempo, enseñarle a los niños a contestar eficientemente el teléfono y recibir mensajes relativos al negocio.

Los Olney creen que ahora tienen un **estilo de vida ideal** con vacaciones en el extranjero pagadas por Advanced Life Food, que les permiten combinar su misión cristiana y las actividades de negocios.

Capítulo 18

La venta directa, el estilo de vida del futuro

Qué significa el éxito

"El éxito para mí es hacer todos los días lo que quiero hacer" Fabian Dattner. Las mujeres que entrevisté para este libro compartieron el viaje desde la dependencia y un escaso sentido de autoestima **a la independencia y la afirmación de un fuerte sentido de autoestima** a la independencia y la afirmación de un fuerte sentido de sí mismas. Muchas cambiaron de una situación de bajos ingresos, y hasta de pobreza, a la seguridad financiera y la riqueza. Todas las mujeres obtuvieron grandes beneficios de la sinergia de trabajar con otras mujeres en redes de apoyo. Esta estructura social actúa como una familia extensa y proporciona un marco de amor y cuidado.

El éxito significa

- ❀ Comenzar a sentir que controlas tu vida.
- ❀ Fijar objetivos y saber que puedes alcanzar tus metas.
- ❀ Ser capaz de enfrentar el cambio.
- ❀ Sentirse realizada como mujer en cualquier papel que elijas para expresar tu femineidad.
- ❀ Poder convertir obstáculos en oportunidades.
- ❀ La habilidad de recontextualizar los acontecimientos y usar cada experiencia para tu provecho.
- ❀ La habilidad para desprenderse del pasado, vivir en el presente y planear para el futuro.
- ❀ La excitación de hacer crecer, desarrollar y cimentar un negocio que es un desafío.
- ❀ La alegría de expresar tus talentos y dones.
- ❀ Ser capaz de compartir tu alegría por la vida con personas importantes.

230

❀ Ser capaz de amarte a ti misma.
❀ Serte fiel.

La venta directa, ¿es para ti?

No todos tienen el temperamento, la personalidad o el deseo de entrar al negocio de la venta directa. Ni por un momento pienso que toda maestra, enfermera, secretaria u otra mujer profesional debe dejar su vocación y comenzar a vender cosméticos o productos nutricionales o jabón en polvo. Tu decisión de unirte a una compañía de venta directa debe estar basada en una cantidad de factores o en una combinación de éstos:

❀ ¿Estaría de acuerdo con tu personalidad trabajar a solas?
❀ ¿Puedes motivarte a ti misma?
❀ ¿Tienes la autodisciplina para fijar tu propio horario?
❀ ¿Estás preparada para hacer el compromiso?
❀ ¿Va de acuerdo con tus necesidades?
❀ ¿A ti te gusta el producto?
❀ ¿Estás preparada para usarlo?
❀ ¿Estás preparada para recomendarlo?
❀ ¿Te importan las demás personas?
❀ ¿Te gustan las demás personas?

Visiones compartidas

Estoy fascinada por aquellas mujeres que llegan a la cima porque cada una lo hace en forma especial. Todas aquellas a las que entrevisté alcanzaron su meta por su propio esfuerzo, trabajo arduo y lucha. Lo que realmente las une es una visión común de sí mismas y del mundo.

Todas estas mujeres dan una gran importancia a **ser**

optimistas y positivas. Son **proactivas** y se hacen responsables de sus vidas. Todas comenzaron con una visión, **el deseo y la determinación** de volver realidad ese sueño. Cada una de ellas trabajó muy duro y estaba preparada para autodisciplinarse al involucrarse en una actividad con un propósito. Comenzaron sintiéndose poca cosa, y trabajaron para crecer. Estaban dispuestas a aprender nuevas destrezas en el camino.

Recontextualizaron sus reveses y los vieron como experiencias de aprendizaje. No pierden el tiempo con cosas por las que no pueden hacer nada. Se liberaron del pasado y avanzan hacia el futuro. No se detienen en la negatividad ni en heridas pasadas. No culpan a otras personas por sus propios errores. Están preparadas **para aprovechar las oportunidades**. **Se arriesgan** y no le temen a nuevos desafíos.

Están preparadas para **cambiar**. Ven sus vidas como algo que ofrece diversas elecciones. Muchas de ellas han triunfado no porque sean ultratalentosas o supermujeres, sino porque fueron **persistentes**.

Creen en sí mismas. Tienen que confiar en sus propios instintos. Desarrollan la capacidad de tomar decisiones y tienen el coraje de **usar sus dones** y sus talentos.

Cada una de las mujeres que entrevisté subrayó su **mayor autoestima** como su logro más importante.

Shelley Taylor-Smith, campeona mundial de natación de larga distancia, cree que ella tiene la habilidad de reorientar el dolor usando su energía. "Lo filtro a través de mi cuerpo. Lo uso como una fuerza positiva, no negativa" dice.

Shelley cree que el éxito no tiene nada de místico. "Tienes que saber adónde vas y qué quieres. Necesitas estar **enfocada y tener un solo propósito**. Tienes que trabajar duro y dar el 100 por ciento de lo que tienes para dar. El impulso viene de adentro y tienes que desear que algo suceda".

La jefa de Nutri-Metics, Imelda Roche, dice que la venta directa puede ser una experiencia solitaria. **"Esencialmente estás trabajando sola y necesitas estar automotivada"**, dice. "Necesitas tener un poco más de coraje, un poco más de inspiración y un poco más de disciplina para tener éxito en este campo".

Imelda dice que la motivación viene de adentro. "Es fácil ser perezosa, aplazar las cosas y buscar excusas para no hacerlas. **Exige una fuerte necesidad y un fuerte deseo de llegar**. También exige a alguien con una saludable autoimagen y un sentido de sí mismo bien desarrollado".

Imelda tiene cuatro hijos muy positivos y seguros. Cree que los hijos de las personas de Nutri-Metics están expuestos a diversas situaciones, tienen más aportes positivos y están estimulados para involucrarse en el negocio desde temprana edad.

Como dijo Albert Schweitzer: **"Los niños aprenden con tres cosas, ejemplo, ejemplo y ejemplo"**. El ejemplo de una madre exitosa y satisfecha tiene más valor para ellos que una mujer resentida y aburrida, dice Imelda.

Estimula a las mujeres a **contratar servicio doméstico** tan pronto como ganan lo suficiente en la venta directa. "En lugar de sentirse culpables, las mujeres deben liberarse de la rutina doméstica y pagarle a alguien que necesite el dinero y el trabajo".

Imelda dice que **una mujer refleja la personalidad de su familia**. "Si es feliz, se siente realizada y relajada, los beneficios positivos son enormes. Es su responsabilidad hacerse feliz más que ser generosa".

Una empresaria exitosa, Debbie Fields, dice que no hay más limitaciones que las que nosotros mismas nos imponemos. "No tienes que ser supermamá, o sobrehumana para hacer aquello en lo que crees. **No tengas miedo de fracasar.** El mayor fracaso es no intentarlo. 'No' es una respuesta sin atractivo e inaceptable. Convierte cada 'no' en un 'sí'. **Haz lo que te gusta hacer y llegará el dinero.** No entres al negocio solamente por el dinero. Hazlo porque te gusta".

Si tienes que caminar sobre hielo quebradizo, también podrías bailar

No hay garantía de que tendrás éxito si te dedicas a la venta directa. Sin embargo, tienes muy poco riesgo más allá de un pequeño costo inicial, tu tiempo y tu energía. No es un plan para enriquecerse rápidamente. Como cualquier otro negocio, requiere tiempo y esfuerzo constante.

Muchos de nosotros tenemos ideas preconcebidas a propósito del concepto de vender. En realidad, todos nos estamos vendiendo a algún nivel, no importa cuál sea nuestro negocio, servicio o carrera.

Si ingresas a esta actividad necesitas trabajar duro, necesitas estar profundamente motivada y necesitas sentir entusiasmo por tus productos. También necesitas ser capaz de identificarte con la filosofía de la compañía a la que ingresas, con el producto y con las personas con quienes trabajarás.

Lo positivo de esta actividad es que cambiarás tu personalidad a través de tu participación. A diferencia de un trabajo común en el que desempeñas tu labor y te pagan un sueldo al final de la semana, la venta directa es una forma de vida holística. El trabajo abarca no sólo un medio para ganar dinero, sino una carrera, **un estilo de vida y toda una nueva filosofía de la existencia.**

Experimentarás el beneficio del **apoyo, el reconocimiento positivo** y el refuerzo. Habrá líderes que querrán que triunfes tanto como tulo deseas. Los beneficios de tu éxito en el negocio se derramarán sobre tus relaciones. La oportunidad **no tiene límite**. No habrá más limitaciones para tu ascenso o progreso que aquellas que tute impongas.

Los aumentos de salario ya no serán un problema, desaparece el prejuicio contra el ascenso de las mujeres y el cuidado de los niños deja de ser un tema tan crítico cuando tutrabajas desde tu casa.

Enfrenta la depresión

Todos nosotros atravesamos periodos en los que la vida parece difícil y nos sentimos mal. Cuando comencé a trabajar en este capítulo miré la palabra "depresión" y me sentí inmune. No sabía cómo era. Hacía tanto tiempo que no me sentía deprimida. Unos días después, luchando contra un ataque de gripe, un airado ex marido y la frustración de no realizar mi trabajo, repentinamente me encontré en ese estado emocional que llamamos "depresión". Me desperté temprano en la mañana sintiéndome ansiosa e insegura, perdí mi acostumbrada sensación de confianza, cayó mi nivel de energía y me sentí llorosa y vulnerable.

Las mujeres son especialmente proclives a este síndrome y a los sentimientos negativos que abarcan el área de la depresión. Nadie es inmune a esta emoción. Puede estar causada por un hecho dramático de la vida, como la muerte, el divorcio, la enfermedad o una catástrofe financiera. A menudo es la acumulación de una tensión continua.

Necesitamos saber cómo enfrentar periodos de depresión y cómo liberarnos del síndrome. No estoy hablando de depresión crónica ni de depresión maniaca, que necesitan tratamiento profesional. Estoy hablando de esos sentimientos negativos que todos experimentamos de vez en cuando.

Qué me da resultado

- ❀ Tener algo que espero con gusto, como comer con una amiga.
- ❀ Darme un placer - un masaje, peinado, terapia con aromas.
- ❀ Comprar algo especial.
- ❀ Ir a ver una gran película.
- ❀ Comprar un libro inspirador.
- ❀ Ir a correr con una amiga.
- ❀ Escuchar música hermosa.
- ❀ Un abrazo de alguien a quien amo.
- ❀ Darme un aporte positivo por medio de cintas motivacionales.
- ❀ Charlar con mis amigos por teléfono.

"Si la vida te da limones, haz limonada"

El mejor antídoto para la depresión es la risa. Pregúntate, "¿me estoy tomando demasiado en serio?". Mantente ocupada. Ordena armarios, cocina, atiende el jardín, haz diligencias para otros. Haz feliz a alguien. Trata de ver tu problema en perspectiva. Mi mayor ventaja es mi capacidad para reír. Cuando ríes, se liberan endorfinas en tu cerebro, lo que te da un estímulo natural. La risa te relaja.

Mis amigos favoritos son los que me hacen reír. Busco situaciones divertidas que puedo compartir. Ayer, cuando estaba corriendo, vi la siguiente etiqueta en una defensa: **Si la vida te da limones, haz limonada**.

Una aventura amorosa con la vida

La vida es una celebración. ¿Estás sosteniendo un cerillo vacilante o soltando fuegos artificiales?

Mi vida siempre está abierta a conocer y aceptar a nuevas personas, para involucrarme, para experimentar la intensidad y compartir actividades divertidas. Conozco y me hago amiga de las personas en cualquier lugar, en cualquier momento. Pienso que todos tienen dentro de sí la capacidad de **ser creativamente felices, exitosos y extrovertidos**. Vender libera de muchas inhibiciones y te enseña las habilidades de acercarte a personas y disfrutar del contacto.

Para que yo me involucre en un proyecto o negocio, éste tiene que hacer que mi corazón lata más rápido, aumente mi adrenalina y me quede sin respiración **por la pasión y la excitación**. No puedo quedarme en la cama por la mañana por el deseo de continuar trabajando en mi proyecto, cuando está en mi corazón, mi cabeza y mi sangre, sé que es mío. Puedo darle todo lo necesario para alcanzar el éxito. Así es como tienes que sentirte con relación a tu negocio. El camino al éxito no tiene lugar para dudas ni para algo menos que un compromiso total.

Las mujeres triunfadoras con quienes hablé tienen

esas actitudes hacia sus negocios: amor hacia las personas y ansia de vivir.

Tu nuevo negocio de venta directa **te dará un excitante estilo de vida**. Tendrás oportunidades que jamás soñaste.

Muchas compañías tienen la posibilidad del **patrocinio internacional** y del establecimiento de una red mundial. Esta opción es ilimitada. Es excitante, estimulante y desafiante. A medida que nos acercamos al siglo veintiuno, necesitamos abrir nuestra mente a una **economía global**. Límites y fronteras se disuelven y los negocios internacionales se convierten en una realidad para ti y para mí. Para quienes están trabajando en este negocio, **ayudar a los demás se convierte en un modo de vida**. Los avances tecnológicos nos permiten patrocinar a personas a larga distancia. Con máquinas de fax, conferencias telefónicas, teléfonos celulares, audiocasetes y videos, así como la facilidad de viajar, más y más líderes pueden llegar más lejos para expandir sus redes.

La mejor retroalimentación que puede tener un autor es que le digan que algo que ha escrito ha cambiado la vida de alguien para mejorarla.

En los pocos años a partir de la publicación de mi primer libro, "Hay un lápiz labial en mi portafolios", he dado muchas conferencias en toda Australia. He regresado muchas veces a varias ciudades. La respuesta más satisfactoria de las mujeres ha sido el verdadero cambio que han realizado en sus vidas como resultado de leer el libro. **Espero que éste sea una fuente de información, inspiración y estímulo mientras desarrollas tu carrera en la venta directa.**

Apéndice

Guía de compañías de venta directa

Advanced Life Foods

Amway

Avon

Dominant

Emma Page

Enciclopedia Británica

Herbalife

Mary Kay

Neo-Life

Nutri-Metics

Princess House

Pro-Ma

Tupperware

Yves Rocher

Glosario

1. Advanced Life Foods

Declaración de principios

Advanced Life Foods es una compañía 100 por ciento australiana, orientada hacia los resultados y hacia el desarrollo personal de sus miembros y personal. Considera que las personas son el activo más importante de la compañía.

Advanced Life Foods está dedicada al continuo desarrollo de una línea de productos de calidad, bien balanceados y cotidianos, que mejoran la salud y estilo de vida de las familias y al mismo tiempo les da la oportunidad de aumentar sus ingresos por medio del sistema de mercadeo de la compañía, de boca en boca. **Advanced Life Foods es conocida como la compañía de alimentos saludables de Australia.**

Historia

Esta es una compañía de propiedad australiana que ha estado operando desde 1982. Distribuye alimentos saludables y productos para el hogar por medio del mercado de boca en boca.

Los consumidores compran directamente a la compañía y la entrega se hace directamente a cada uno de los 60 000 miembros. Aunque la mayoría de ellos no se ganan la vida con sus actividades con Advanced Life, es posible ganar un ingreso de alto nivel con una mínima actividad regular. La compañía no aconseja que abandones tu trabajo hasta que estés ganando el doble de tu ingreso regular, antes de depender de Advance Life Foods.

La compañía se inició de la nada y todos los productos están fabricados en Australia.

Productos

Los productos son alimentos saludables y productos domésticos. Los productos alimenticios están libres de colesterol, no contienen conservadores artificiales, son bajos en azúcares, grasas y sal. Todos los productos tienen una garantía de 90 días por la devolución del 100 por ciento del dinero. Los productos se producen en forma sensible al medio ambiente y empacados con un mínimo de materiales. Actualmente en Australia más del 50 por ciento de las muertes están relacionadas con enfermedades cardiacas. Un tercio de todas las muertes se deben al cáncer, el más común de los cuales es el cáncer de intestinos.

Estos factores llamaron nuestra atención a la necesidad de comer de manera saludable. Los productos de Advanced Life Foods son ricos en fibra. Su producto básico se llama Whey-lite, que es un sustituto lácteo libre de colesterol.

Todos compran el producto directamente al fabricante. Advanced Life Foods es el mayor cliente del Correo de Australia para el envío de encomiendas en Queensland.

Filosofía

La idea es animarte a pedir más y más de Advanced Life Foods y menos de tu supermercado local. El beneficio consiste en una gama de productos altamente nutritivos y en la oportunidad de ganar al comprar.

La compañía tiene un fuerte compromiso para ayudar a los australianos comunes a alcanzar sus sueños. Te animan a escribir tus metas. El lema de la compañía es: **"No permitas que nadie te robe tu sueño".**

Plan de mercadeo

El concepto básico es la duplicación por medio del mercadeo de boca en boca. Tú compartes la oportunidad con otras personas. Ellas a su vez comparten su oportunidad con sus amigos y así continúa la duplicación. Cada persona ordena directamente al centro de distribución. Por lo tanto no hay venta, distribuidores, entrega o intermediario. Ganas un bono basado en el tamaño del pedido.

Entrenamiento

Advanced Life Foods proporciona un paquete completo de entrenamiento que los clientes pueden comprar. Este paquete incluye un video explicativo, un manual sobre la carrera, un equipo inicial Primer Día y formularios de pedido. La compañía organiza actos en todos los centros importantes así como seminarios. El equipo Primer Día proporciona instrucciones detalladas acerca de cómo hacer funcionar tu negocio.

Reconocimiento, recompensas, incentivos

Los nombramientos son reconocidos en la galería de realizadores en el boletín mensual, *Advanced Life Foods News*. Interesantes incentivos se basan en los bonos acreditados. Los niveles de progreso van de director de grupo, director de bronce, director de plata, director de oro a embajador.

2. Amway

Declaración de principios

"La Corporación Amway está dedicada al **espíritu de la**

libre empresa. La compañía busca forjar relaciones de negocios duraderas con individuos vanguardistas, ambiciosos y dedicados, **que aspiran a una mejor calidad de vida"**.

Historia de la compañía

La Corporación Amway fue fundada en 1959 por Jay Van Andel y Richard M. Devos. Amway comenzó fabricando un solo limpiador doméstico en un pequeño edificio de Michigan (Estados Unidos). El producto, Limpiador Orgánico Líquido (LOL) era tan notable que la nueva compañía tuvo un gran éxito y en pocos años se convirtió en una de las grandes historias de la mercadotecnia del mundo.

Amway llegó al mercado australiano en abril de 1971. Era la primera operación de la compañía fuera de Norteamérica. Con orígenes humildes en una pequeña oficina, ahora Amway de Australia opera desde su imponente oficina central en Castle Hill, Nueva Gales del Sur. Esta combinación de complejo de oficinas y centro de distribución regional con todos los servicios sobre más de cinco hectáreas y emplea a más de 350 personas, cuyo papel fundamental es apoyar a los distribuidores de Amway y sus actividades. El centro operativo también ofrece asesoría al cliente, guías y entrenamiento para el desarrollo de los negocios, mercadeo y conocimiento del producto, apoyo legal y de relaciones públicas.

Ahora hay más de cien mil distribuidores en Australia. Amway es única en el hecho de que más del 95 por ciento de los que trabajan con ella son equipos de marido y mujer.

Hoy Amway es una de las quinientas compañías más grandes de Australia, con operaciones al menudeo de

250 millones de dólares en 1991-1992. Esto representa un crecimiento anual del 25 por ciento.

Esta es una oportunidad viable que **no requiere capital o calificaciones formales para hacer negocios**. Puedes ingresar con menos de 200 dólares y trabajar desde tu propia casa, disfrutando de los beneficios fiscales de dirigir tu propio negocio. Otro atractivo de Amway es que, a medida que la clientela crece, este activo puede venderse o legarse a otra persona.

Productos

Los productos de Amway son famosos por su **calidad**. Los productos de la compañía superan a los de la competencia y proporcionan **calidad a cambio de dinero**. Amway se esfuerza por generar o desarrollar los mejores **productos en términos de resultado** y de valor a cambio del dinero en cada categoría de producto.

Los clásicos de Amway incluyen el limpiador orgánico líquido, el detergente para lavar ropa S-A-8 Nutriway, productos para el cuidado personal, cosméticos, joyería, ropa, juguetes, productos para el hogar, plásticos, utensilios para cocinar en horno de microondas, productos de seguridad para el automóvil y la casa, y hasta alimentos, jugos y dulces. La gama crece semanalmente.

Amway está comprometida a darle una buena oportunidad a la pequeña empresa al apoyar a los fabricantes de artículos hechos y diseñados en Australia.

Amway siempre ha asumido un papel responsable con relación al medio ambiente, e insiste en desarrollar productos y embalajes ambientalmente inofensivos.

Filosofía

La Corporación Amway es una organización internacional dinámica y en crecimiento, dedicada al **"espíritu de la libre empresa"**. La compañía ofrece el potencial para alcanzar la independencia financiera. También ofrece la satisfacción derivada de la realización personal y del reconocimiento por parte de los pares y colegas en el negocio.

Plan de mercadeo

Amway es, esencialmente, **un negocio de menudeo**. Tanto la oportunidad comercial como el plan de ventas y de mercadeo están orientados hacia las actividades del menudeo. El éxito depende del desarrollo de una **fuerte base de clientes**. La compañía proporciona los productos, el distribuidor forma y da servicio a la base de clientes. En esencia, lo que genera el ingreso es la venta y uso de productos por parte de los clientes y de los distribuidores de Amway.

Pero Amway no es un minorista tradicional y no hay una tienda tradicional. Amway tiene un servicio personal a domicilio. Esto les da a los clientes una manera innovadora y personalizada de comprar, sin las molestias de las compras tradicionales tales como estacionar, recibir un servicio deficiente o tener que encontrar quien cuide a los niños. Los distribuidores de Amway comienzan por ofrecer un servicio personalizado y productos excepcionales a los amigos, vecinos y conocidos. Sin embargo, para desarrollar un negocio grande, necesitas establecer más expendios de los productos Amway. Esto lo haces al **patrocinar a nuevas distribuidoras**. Puedes ampliar más tu negocio al ayudar a la gente que patrocinas a construir su propia base de clientes y a reclutar nuevas distribuidoras.

Los ingresos se generan en:

   1. Las comisiones ganadas sobre las ventas personales al

menudeo del producto. Más de la mitad de todas las comisiones pagadas en Amway son comisiones de menudeo. 2. A medida que aumenta tu volumen, tendrás derecho a un bono por desempeño, que crece del 3% hasta llegar al 21%. 3. Los bonos de liderazgo se les pagan a los distribuidores que ayudan a que otros distribuidores alcancen el 21%. Al llegar al 21%, los distribuidores se convierten en agentes directos que tratan con la oficina central. 4. Se pagan bonos especiales a medida que crece el volumen de tu grupo. Cada nivel en la jerarquía recibe un porcentaje diferente, desde Rubí a Diamante, Diamante Ejecutivo y premios mayores.

Entrenamiento

A los distribuidores de Amway se les enseña no sólo a organizar un **negocio al menudeo** sino también a desarrollar una **red de menudeo**. Esto implica patrocinar nuevos distribuidores. Para construir un negocio exitoso es necesario que haya **equilibrio entre la venta al menudeo y el patrocinio**.

Hay dos fuentes de entrenamiento. Necesitas cuidar, ayudar y enseñar a aquellos a quienes atraes a tu grupo. Liderazgo por el ejemplo, ayudar a los demás a formar sus negocios y mantener tus propios clientes personales. La asesoría individual es muy importante.

A los distribuidores de Amway se les enseña cómo hacer demostraciones, llevar libros, fijar metas y mantener a los clientes. Un elemento importante del entrenamiento son las reuniones semanales por la noche. Esto une a los nuevos distribuidores en un grupo, les da noticias de la compañía y los motiva dando a conocer el éxito de otros.

Los grandes actos, conferencias, convenciones y talleres, dan a los nuevos distribuidores un entrenamiento intensivo, información sobre los productos y reconocimiento por sus logros.

Reconocimientos, recompensas, incentivos

Hay interesantes incentivos de viajes al extranjero y recompensas por desempeño pagadas por la compañía.

A los distribuidores se les exige respetar el estricto código ético de Amway y un conjunto de reglas de conducta. La compañía estimula el espíritu empresarial pero espera que cada distribuidor se adhiera a principios fundamentales.

3. Avon

Declaración de principios

"Restablecer a Avon-Australia como la principal compañía de cosméticos y productos relacionados, impulsada por la información, que actúa en el canal directo, proporcionando a los clientes una amplia gama de productos excelentes, en un ambiente y a través del servicio que mejor se adecue a sus necesidades".

Historia de la compañía

Avon fue iniciada hace 105 años en Estados Unidos por David McConnell. La exclamación tradicional de "Ding dong, Avon llama", se volvió rápidamente familiar para las amas de casa de todo el mundo.

Avon tiene más de 30 000 consultores, casi todos ellos mujeres que les venden productos a otras mujeres. Las damas de Avon comenzaron la **venta de puerta en puerta** en Australia en 1963. Actualmente las operaciones de Avon-Australia superan los 114 millones de dólares.

Avon tiene la base de clientes más amplia de cualquier compañía de venta directa de Australia, con representantes de ventas dándoles servicio a un millón y medio de clientes. El 25 por ciento de las ventas se genera en oficinas y fábricas, y el resto en las casas. Ahora Avon se está orientando hacia la mujer que trabaja.

Productos

Avon está sufriendo cambios drásticos. La compañía acaba de presentar nuevos paquetes de venta que incluyen muestras de muchos de los cosméticos de Avon y una computadora de belleza que les indica a las clientes qué color de cosméticos y qué línea de productos para el cuidado de la piel deben usar.

La gama de productos de Avon contiene más de mil artículos, de los que los cosméticos, productos de tocador y perfumes representan el 65 por ciento. Los juguetes, videos, la ropa y los accesorios representan el resto de los productos. **El instrumento de venta más poderoso de la compañía es el catálogo.** Avon de Australia publica 600 000 catálogos con un número de 80 a 100 páginas cada tres semanas.

Filosofía

La compañía cree en que hay que apoyar a las mujeres. Avon está comprometida con el mejoramiento de la calidad de vida de las mujeres y tiene muchos programas para reconocer los logros de éstas.

Plan de mercadeo

Las representantes de Avon dependen, en su negocio, de la repetición de sus ventas. Idealmente, en cada ciclo de tres semanas las representantes de Avon cumplen tres tareas con cada cliente: entregan los artículos pedidos durante el ciclo anterior, toman los pedidos para el ciclo actual y entregan folletos para el siguiente ciclo.

Avon tiene una cuota de ingreso de 15 dólares para las nuevas reclutas, y a las representantes se les pagan comisiones sobre las ventas que generan. La comisión más alta se paga sobre cosméticos, artículos de tocador y perfumes. Se paga una comisión menor sobre juguetes, ropa y videos. Avon no tiene un plan de remuneración de varios niveles.

Entrenamiento

En Australia, Avon emplea a 110 gerentes de distrito, a quienes se les paga para contratar a nuevas reclutas, entrenar y motivar a nuevas consultoras y tramitar los pedidos así como la distribución. Un nuevo programa de belleza da medio día de entrenamiento en cuidado de la piel y maquillaje. Estos recursos cuestan 45 dólares, y la representante recibe al final de la sesión un certificado y productos.

4. Dominant

Historia de la compañía

Dominant de Australia es una compañía propiedad de una familia, que ha crecido desde su fundación en 1958 hasta ser uno de los principales fabricantes de productos de limpieza y detergentes diseñados, fabricados y comercializados en Australia.

En 1984 se formó Dominant House Products con la idea de comercializar productos de limpieza de máxima calidad, formulados para hacer el mejor trabajo con un impacto mínimo sobre el medio ambiente.

Productos

Dominant fabrica una línea de productos para lavar, para la limpieza del hogar y para la limpieza en general, en cantidades para uso doméstico. Dominant se expandió al mercado del cuidado personal en 1991 con la introducción de la línea Mía. Los productos Mía son naturales y están dedicados al cuidado personal. La línea Oriflame, de cuidado de la piel y cosméticos, que fue concebida en Escandinavia hace más de veinte años, también es comercializada por Dominant.

Filosofía

Dominant ofrece a todos los australianos una Gran Oportunidad Australiana para alcanzar la independencia financiera, nuevos amigos y desarrollo personal.

Plan de mercadeo

Una consultora de Dominant ingresa como agente independiente, estableciendo su propio negocio al proporcionar servicio para el cuidado del hogar para sí misma, familiares, amigos y clientes al menudeo. El negocio se desarrolla al patrocinar a otros para ingresar al mismo.

Entrenamiento

Dominant y su red de asesoría proporcionan entrenamiento acerca del producto y su mercadeo, así como ayuda. También se proporciona entrenamiento bajo la forma de un manual para la consultora y un Paquete de Acción, que contiene todos los artículos cotidianos necesarios para operar con eficiencia un negocio de Dominant. Se proporciona más apoyo de la compañía bajo la forma de información sobre lanzamiento de productos, cimentación de negocios y patrocinio, a través del boletín mensual, el *Dominant Times*. Además se hacen regularmente presentaciones corporativas en toda Australia.

5. Emma Page

Declaración de principios

"Debe ser bueno y beneficioso para la otra persona antes de que pueda ser bueno o beneficioso para mí".

Historia de la compañía

El presidente Raymond Vidor fundó Emma Page en Melbourne, hace 23 años. La compañía ahora opera en todos los estados de Australia, Nueva Zelanda, Singapur y Malasia, y tiene oficinas en Nueva York. Toda la joyería es diseñada en Nueva York.

Hay más de mil consultoras que promueven a Emma Page. La compañía ofrece una oportunidad especial. Su producto es ampliamente aceptado, fácil de vender, y hay un gran potencial para ganar dinero.

Emma Page es cien por ciento de propiedad australiana. Desde que la compañía inició sus actividades ha ganado más de 200 millones de dólares. En 1991, Emma Page tuvo su mejor año y de mayores ganancias, y en 1992 se esperaba que los resultados aumentaran en un 44 por ciento.

Productos

Emma Page fabrica más del 80 por ciento de sus productos en Nueva Zelanda, donde la compañía ha contratado los servicios de artesanos formalmente entrenados en la manufactura de joyería fina. Estos buenos artesanos son la razón de la calidad superior de los productos de Emma Page.

Los diseñadores de Emma Page viajan por todo el mundo varias veces al año para asegurar la presentación de una línea exclusiva y dinámica, que se actualiza por lo menos tres veces al año.

Cada artículo está cubierto por una garantía escrita válida por seis meses, por la cual será reemplazado gratuitamente en caso de ser necesario.

Filosofía

La filosofía de Raymond Vidor es simple: **"Somos una compañía obsesionada por la calidad y el respeto a los derechos del individuo a prosperar y desarrollarse. Promovemos en todo el sistema de la libre empresa. Nuestro lema es la productividad"**.

Plan de mercadeo

Las consultoras pueden ganar 30 dólares por hora y trabajar de seis a ocho horas. Las gerentes pueden ganar automóviles de la compañía y viajes anuales al exterior. Las consultoras no compran un *stock*, reciben un juego de demostración que contiene joyería por valor de 2 000 dólares a cambio de una inversión inicial de 100 dólares. Una vez que se entrega un pedido y las clientes y anfitrionas lo pagan, la consultora paga a la compañía directamente depositándolos en una cuenta bancaria. Las ventas se basan en el concepto del plan de reuniones, y una reunión con un promedio de seis invitadas genera aproximadamente 350 dólares. Cada anfitriona que alcanza niveles básicos de venta en dos reuniones recibe piezas especialmente diseñadas como premio.

Muchas anfitrionas se convierten en consultoras de Emma Page.

Las consultoras ganan comisiones sobre todas las ventas al menudeo mas bonos por buen desempeño. Las consultoras pueden comprar joyería de Emma Page con generosos descuentos.

Hay comisiones extra y premios para las consultoras que extienden su negocio de Emma Page al patrocinar a nuevas consultoras. El objetivo de muchas consultoras es ser ascendidas como gerentes de su propio equipo. Las gerentes reciben comisiones más altas.

Entrenamiento

Emma Page invierte en sus consultoras de ventas con un generoso programa de equipamiento junto con un entrenamiento gratis, que está disponible semanalmente. A las gerentes se les da un entrenamiento especial de liderazgo, los premios son por comisión y la gerencia se gana por volumen de ventas.

Emma Page proporciona entrenamiento profesional gratis para ayudar a las consultoras a iniciar y desarrollar su negocio. El entrenamiento incluye demostraciones de joyería, organización de reuniones, patrocinio y habilidades básicas para los negocios.

Cada año se organizan conferencias internacionales en lugares tales como Singapur, Bali, Hong Kong, Bangkok, y Disneylandia en California.

Reconocimientos, recompensas, incentivos

Cuanto más tiempo dedican las consultoras al negocio de Emma Page, tanto más ingresos reciben. En Emma Page el objetivo es ganar las mejores recompensas financieras posibles por el tiempo y el esfuerzo. Cuando las ventas personales al menudeo y las cifras del equipo crecen hasta los niveles fijados como meta, **Emma Page ofrece la oportunidad de conducir un auto nuevo.**

6. Enciclopedia Británica

Declaración de principios

"Un producto que puedes vender porque es un producto en el que puedes creer".

Historia de la compañía

La *Enciclopedia Británica* se publicó por primera vez en Edimburgo, Escocia, en 1768, veinte años antes de que el capitán Cook llegara a Australia. En la más antigua enciclopedia en inglés publicada en forma continua.

Las oficinas y distribuidores de Británica están en todo el mundo. Para Australia y Nueva Zelanda, la oficina central de la compañía está en Sydney, con oficinas de ventas en cada ciudad capital y una cantidad de centros regionales.

Aunque la enciclopedia sigue siendo la piedra fundamental de la compañía, Británica es líder en productos educativos tan diversos como películas, cintas de video, discos laser de video y *software* para computadoras, así como publicaciones impresas adicionales, incluyendo atlas y diccionarios.

Son cuatro las divisiones responsables de las ventas de la compañía en Australia y Nueva Zelanda: Ventas directas, Educación, Anuario y Envíos por Correo.

Producto

Durante más de doscientos años el nombre Británica ha sido sinónimo de educación. La organización es activa en la publicación de libros de texto, diccionarios, enciclopedias elementales y muchas otras empresas. **Británica es un centro de aprendizaje para toda la familia**. Enciclopedia Británica es la norma para hacer consultas en el mundo.

Desde que fue publicada por primera vez en 1768 en tres volúmenes, Británica se ha vuelto más grande y mejor a medida que cada edición se expande para incluir la mejor colección de conocimientos necesarios para entender un mundo complejo. Británica es revisada y actualizada continuamente.

Plan de mercadeo

El 25 por ciento de los vendedores de *Enciclopedia Británica* **son mujeres. El objetivo de la compañía es aumentar esa cantidad**.

En Australia hay de 250 a 300 agentes de venta quienes en su mayoría trabajan con vistas a tener una carrera de tiempo completo. Para tener éxito necesitas estar automotivada. Los que ganan mucho trabajan arduamente y se los recompensa por sus esfuerzos. La venta directa no es un arreglo fácil.

Enciclopedia Británica **no simplemente visita**. Cada oficina de ventas estatal tiene un gerente de mercadotecnia que reporta al gerente de ventas, para entrenar a los agentes en diferentes técnicas de mercadeo. Se usan distintos métodos para generar negocios. Por ejemplo, en áreas locales se erigen **unidades de exhibición sin personal** con tarjetas gratis que deben llenarse y enviarse a Británica para tener la oportunidad de ganar productos de la compañía y al mismo tiempo pedir información.

Durante años las publicaciones de Británica se vendieron casi exclusivamente en las casas de los clientes potenciales. La compañía tiene ahora una **comercialización de "Artículos en Vivo"**, donde los clientes potenciales pueden comentar y comprar en lugares tales como centros comerciales, tiendas y exposiciones agrícolas. otras áreas de comercialización local incluyen bibliotecas, hospitales, bancos, restaurantes, clubes de golf, correos, cines, fiestas y escuelas. Esto ha aumentado las ventas y ha contribuido a hacer que la compañía sea más conocida para el público.

Británica promueve continuamente su imagen con publicidad, incluyendo horarios preferenciales en la televisión, publicidad positiva y programas de relaciones públicas de imagen excelente.

Entrenamiento

Cada agente de Británica es entrenado con un programa exclusivo que se dice que es el modelo para la industria de la venta directa. Como realmente tienes que conocer un producto antes de venderlo, el entrenamiento incluye una visión intensa de todas las publicaciones de Británica. Éste consta de cuatro días extendiéndose al campo y a clínicas periódicas. **La compañía y su método de venta cumple con el código de ética de la Asociación de Venta Directa.**

A los agentes se les enseña a vender por demostración y probándoles que pueden vender. Las incisivas clínicas incluyen las técnicas de venta más efectivas y actualizadas.

Los agentes aprenden a hacer presentaciones, tanto en las casas como por medio del nuevo programa de mercadeo. Los gerentes trabajan estrechamente con los agentes para mostrarles la mejor manera de encontrar clientes potenciales seguros. El agente de Británica está preparado con material de presentación colorido y llamativo.

Reconocimientos, recompensas, incentivos

Para añadir incentivos y estimular la competencia, todos los agentes de Británica participan en concursos que la compañía realiza periódicamente, que incluyen recompensas tales como viajes al exterior. También cooperan con promociones especiales. Británica da los ascensos desde el interior. Puedes ascender de niveles desde gerente de campo hasta gerente de área, distrito y división.

7. Herbalife

Declaración de principios

Proporcionarle al mundo mejor nutrición y salud.

Historia de la compañía

Herbalife fue establecida en 1980 por el presidente de la compañía, Mark Hughes. En aquella época Mark tenía poco más de veinte años. Es un hombre con gran visión y determinación. Su sueño era llevar una mejor nutrición a mucha gente y tan rápidamente como fuera posible en todo el mundo.

La sede central de la compañía está en Los Angeles,

pero Herbalife opera en dieciseis países con ventas anuales de más de 500 millones de dólares. Los productos de Herbalife fueron desarrollados por un bioquímico y un equipo de cuatro médicos.

En Australia, donde la compañía ha estado operando desde 1983, hay más de quince mil distribuidores. Las ventas anuales en Australia son de alrededor de 20 millones de dólares.

Productos

La línea contiene productos de nutrición así como para el cuidado de la piel y del cabello. La fórmula Diet Disc es una forma nutritiva de perder peso conjuntamente con una dieta de calorías limitadas. El programa de la dieta incluye suplementos de fibra, vitaminas y minerales. En la línea de cuidado de la piel está el de hierbas, gel de aloe vera, shampoo y loción bronceadora hecha a base de hierbas.

Plan de mercadeo

Herbalife tiene un plan de mercado de cinco pasos. Cuando te unes a la compañía comienzas como distribuidora. Por medio del patrocinio y de la expansión de tu equipo y de las ventas al menudeo, te conviertes en supervisora. Luego te vuelves parte del equipo tabulador, que tiene tres niveles, equipo nacional de expansión, equipo millonario y equipo del presidente.

Filosofía

El objetivo de la compañía es **ayudar a los clientes a obtener el peso deseado y una mejor salud** y bienestar de manera continua y no sólo por un corto plazo.

Entrenamiento

La compañía proporciona entrenamiento por medio de reuniones semanales, conferencias, manuales de trabajo y fines de semana de liderazgo. El entrenamiento es en general gratis mediante entrenadores de categoría mundial para enseñar e inspirar a quienes están iniciando sus negocios.

Reconocimientos, recompensas, incentivos

Una técnica especial que usa Herbalife es que formes tu propio banco de historiales consiguiendo tantos clientes para el producto como puedas. Se te anima a que hagas el seguimiento, que consigas la repetición de los pedidos y a que obtengas referencias.

Plan para el éxito:

❊ Usa seriamente los productos todos los días. Esto es crítico durante los primeros noventa días, porque tu fe en el producto te **ligará a la compañía mientras estás armando tu negocio**.

❊ Pierde peso y siéntete más sana. Ayuda a que otros pierdan peso.

❊ Usa el distintivo de la compañía. La sinceridad vende.

❊ Haz una lista de todos tus conocidos.

❊ Patrocina a lo largo y a lo ancho.

❊ Califica para ser supervisora tan rápido como sea posible.

8. Cosméticos Mary Kay

Declaración de principios

"Haz triunfar a las personas con elogios", es la doctrina de Mary Kay. "Hazme sentir importante" es la piedra fundamental de la filosofía de la compañía.

Historia de la compañía

Hay 5 000 consultoras de belleza de Mary Kay en Australia, la compañía vende anualmente más de 23 millones de dólares en Australia y Nueva Zelanda.

Mary Kay es una compañía con enorme éxito en Estados Unidos, donde comenzó en 1963. Proporciona una oportunidad para más de 400 000 mujeres y alcanza ventas anuales de más de 1 000 millones de dólares americanos.

Hay 120 directoras de ventas en Mary Kay Australia, y tres directoras nacionales. Muchas consultoras son ex profesionales provenientes de carreras como enfermería y la enseñanza o fueron secretarias.

Productos

Mary Kay tiene una base de clientes muy leal. Los productos tienen una reputación excelente por su calidad y eficacia y están completamente garantizados. El producto se entrega directamente a la consultora dentro de las 24 horas posteriores a haber recibido un pedido.

Filosofía

La compañía fue creada para que cualquier mujer pudiera tener éxito. **Cualquier mujer puede competir incluso más allá de su mejor esfuerzo**. Cada mujer podría llegar a tener tanto éxito como deseara.

El objetivo de la compañía es darle a las mujeres la oportunidad de hacer cualquier cosa que sean lo bastante inteligentes como para hacer. En esta compañía, P y G significan más que **pérdidas y ganancias, significan preocupación por la gente**. En 1963 Mary Kay les ofreció a las mujeres oportunidades que no existían en ningún otro lugar. Aun hoy la mayoría de las compañías no les da lugar a las mujeres. Incontables mujeres capaces están frenadas sólo por el hecho de serlo.

En Mary Kay no hay territorios. La compañía se concentra en "dar", no sólo en "obtener". Usa esta filosofía en todos los aspectos de la compañía. Es particularmente cierto en las relaciones con la cliente. Las consultoras se preguntan qué pueden hacer por sus clientes que las haga sentir mejor consigo mismas.

La filosofía de la Regla de Oro, **"hacerles a los demás lo que quisiéramos que los demás nos hicieran"**, es el cimiento del negocio de Mary Kay.

Plan de mercadeo

La política de Mary Kay es pagar y llevar. Cada consultora paga por adelantado por cada artículo, de modo que nadie puede estar en deuda con la compañía. Las consultoras tienen la opción de hacer sus pedidos de productos con tarjeta de crédito. Cada consultora es responsable de entregar sus productos a la cliente y cobrar el efectivo. **Cada consultora es una persona de negocios independiente.**

El muestrario de belleza del paquete de iniciación cuesta 175 dólares y contiene cosméticos, literatura y un paquete completo de iniciación que vale 400 dólares. Las consultoras venden los productos en **clases sobre el cuidado de la piel**, no en reuniones o fiestas. Con tu primera orden, Mary Kay te envía gratis unos productos para iniciar rápidamente el tratamiento como bono sumado al valor de tu muestrario de belleza.

La compañía mantiene una imagen profesional y la **consultora se convierte en una maestra del cuidado de**

la piel. Las consultoras ganan de acuerdo al tiempo que invierten. No tienen cuotas, áreas ni territorios. Operan de acuerdo con el espíritu de "dar". Esto significa que cada directora se encargará de las consultoras de belleza de su área, sin importar si está o no recibiendo comisión directa por sus ventas. **Una consultora puede vender en cualquier lugar de Australia** y puede asistir a reuniones de entrenamiento dirigidas por cualquier directora en todo el país.

Una clase de cuidado del cutis, con un promedio de cinco o seis personas, puede generar ventas de 225 a 250 dólares y se realiza en aproximadamente dos horas. Por lo tanto, una consultora que lleve a cabo tres clases a la semana podría vender cómodamente más de 600 dólares, y ganar poco más o menos 300 dólares en comisiones.

Entrenamiento

Las consultoras reciben gratis entrenamiento intensivo acerca del cuidado de la piel, servicio al cliente, cómo impartir una clase y cómo hacer reservaciones para clases futuras. También se les da entrenamiento en establecimiento de metas, la administración de un negocio desde el hogar y la preparación de sus propios boletines para las clientes.

Se estimula a las consultoras a que vistan bien y mantengan una imagen bien cuidada. Las consultoras exitosas asisten a seminarios en Australia. Las mejores líderes de ventas dirigen seminarios para ayudar a las consultoras a organizar negocios independientes y lucrativos.

Reconocimientos, recompensas, incentivos

A las consultoras se les estimula a compartir la oportunidad y se las recompensa, sobre las ventas de las nuevas consultoras, con comisiones y premios tales como **automóviles rosa, alhajas de brillantes y viajes al exterior**.

La estructura de generosas comisiones de la compañía está de acuerdo con la creencia de Mary Kay de que **las mujeres deben ser muy bien recompensadas por su esfuerzo**. Cada consultora de Mary Kay es una persona de negocios independiente.

9. Neo-Life

Declaración de principios

"Hacia un mañana mejor".

Historia de la compañía

Neo-Life fue fundada en 1958 por Donald E. Pickett, quien creía que las personas querían y necesitaban una vida más saludable y más feliz. También reconocía que no había suficientes oportunidades para que los individuos alcanzaran la seguridad financiera y el bienestar.

La compañía está dedicada a proporcionar los mejores productos a través de un compromiso con la filosofía de "lo que es correcto para el cliente, el distribuidor y la compañía".

Productos

Neo-Life ha sido precursora en la industria estadunidense de los suplementos alimenticios. Cada producto desarrollado y manufacturado por Neo-Life es de la mejor calidad. Neo-Life también ha sido pionera en la investigación de la extracción, concentración y uso de numerosas materias primas.

Los suplementos alimenticios incluyen la Fórmula IV, que es un nutritivo concentrado de cereales. Los cuadrados Vita son un suplemento de vitaminas y minerales, masticable, para niños. Nourishake es una bebida rica en proteínas, que contiene aminoácidos y enzimas naturales para ayudar a la digestión. Los productos de cuidado personal, shampoo con áloe vera, en sistema de filtración de agua y un surtido de otras vitaminas y suplementos alimenticios constituyen la extensa línea de productos.

Filosofía

Los dos componentes más importantes de la filosofía de Neo-Life son **cuidar y compartir**. Neo-Life también cree en ofrecer servicio, tanto a sus distribuidores como a sus clientes, con las normas más altas. **Neo-Life se ha basado en los principios de honestidad, integridad y honor.**

Neo-Life cree que **la salud es más que la ausencia de malestares o enfermedades**; es la realización, el logro final del bienestar físico, social y psicológico.

Neo-Life tiene un código de ética. Creen en la integridad, el servicio al cliente y un estilo de liderazgo que pone el mayor valor en la ayuda a los demás.

Plan de mercadeo

Hay dos maneras de desarrollarse una vez que has comprado tu paquete de iniciación y te has convertido en distribuidora. La primera es la ganancia directa por menudeo. Al compartir la línea de productos de Neo-Life con los demás, comienzas a generar ingresos.

La segunda es la expansión de tu negocio a través de otros. Al compartir tu oportunidad con Neo-Life puedes ganar un bono mensual especial por desempeño.

Esto está disponible una vez que hayas patrocinado a

otras distribuidoras de Neo-Life y les hayas mostrado cómo vender productos al menudeo y organizar un negocio propio. **Es importante crear una fusión entre el menudeo y el patrocinio.** Como distribuidora, eres una persona totalmente independiente, capaz de organizar un negocio tan grande o tan pequeño como desees. A medida que empieces a construir tu negocio de Neo-Life, te relacionarás con personas que se convertirán en clientes y distribuidores.

Pasos para tener un negocio exitoso con Neo-Life
- ❀ Usa el producto - sé tu mejor cliente.
- ❀ Habla con las personas - permanece involucrada en el negocio.
- ❀ Asiste a las reuniones - comparte los productos y el plan. Conviértete en un líder de tu negocio enseñándole a otras personas a enseñar a otros.

Resumen de los beneficios del programa de Neo-Life
- ❀ Ganancias por menudeo directo de los productos de Neo-Life.
- ❀ Privilegios en compras al mayoreo.
- ❀ Bono mensual en efectivo basado en el volumen.
- ❀ Bono especial por liderazgo.
- ❀ Viajes con gastos pagados.
- ❀ Reconocimientos y recompensas.

Entrenamiento

Neo-Life proporciona entrenamiento en cada etapa. No hay cuotas por el entrenamiento, aunque ocasionalmente habrá un pequeño cargo por comidas o materiales. La asistencia a las sesiones de entrenamiento es opcional.

Reconocimientos, recompensas, incentivos

"La cima del monte" es una reunión anual de líderes de venta sobresalientes, que se lleva a cabo en un lugar de lujo que varía todos los años. El seminario incluye talleres avanzados sobre ventas y gerencia, la participación en ceremonias y la oportunidad de conocerse mejor.

Neo-Life reconoce los logros con varios premios empezando con un broche del Club 200, luego una llave maestra y una llave de oro, hasta una llave de brillantes que es un reconocimiento especial que te permite convertirte en miembro del escogido "Club Prestigio".

Los distribuidores pueden organizar un negocio mundial en otros seis países (se están agregando otros). Los líderes máximos de todos estos países se reúnen una vez al año en un lugar prestigioso para comparar ideas acerca de la organización del negocio y otras más.

10. Nutri-Metics

Historia de la compañía

Imelda Roche y su esposo Bill iniciaron la subsidiaria australiana de Nutri-Metics Internacional, entonces con base en Estados Unidos, en 1968.

En 1991 los Roche adquirieron la compañía a nivel mundial. Hoy Nutri-Metics Internacional, que tiene sucursales en quince países, es dirigida desde la sede corporativa de los Roche en Balmain, Sydney.

En Australia, las operaciones de Nutri-Metics superan los 150 millones de dólares, con un crecimiento anual promedio de más del 20 por ciento.

Filosofía

Cuando inició la compañía, la meta de Imelda era lograr que fuera la principal compañía para el cuidado de la piel en Australia. Ha alcanzado su meta y mucho más.

Las oportunidades que se ofrecen ahora a las consultoras de Nutri-Metics en el mundo abren toda una nueva dimensión a sus negocios, pues pueden expandirlo casi a cualquiera de los quince países donde está establecida Nutri-Metics. Tienen la oportunidad de construir empresas globales.

Productos

En el valle de Hunza, en las montañas del Himalaya, los habitantes usan aceite de hueso de albaricoque para protegerse la cara, el cuello y las manos de las inclemencias del clima. Estas personas tienen un cutis que es la envidia de gente con la mitad de su edad. Las propiedades para la salud y la belleza del notable albaricoque son la inspiración de la naturaleza para Nutri-Metics. Nutri-Metics fabrica una gama de productos para el cuidado de la piel y de belleza que están naturalmente enriquecidos y son hipoalérgicos. **Todos los productos están hechos con ingredientes puros, sanos y naturales.** Hay dos líneas que constituyen un programa completo para el cuidado de la piel. También hay una línea para el cuidado del cabello, fragancias, artículos de tocador para hombres, bronceadores, una línea de vitaminas, minerales y suplementos alimenticios, una amplia variedad de maquillajes y artículos para el cuidado personal así como una nueva línea de productos para la salud.

Todos los productos están atractivamente envasados en los tonos del albaricoque. Están creados sin haber hecho pruebas en animales y son seguros, suaves y tolerables para pieles sensibles.

Plan de mercadeo

La compañía está estructurada según los lineamientos

clásicos de la venta directa. Las consultoras crean redes entre amistades y familiares y venden la línea Nutri-Metics en una relajada atmósfera de reuniones. Se estimula a cada consultora de Nutri-Metics a enfocarse en las ventas al menudeo, pero las verdaderas recompensas van a aquellas que expanden el equipo de ventas y ganan comisión sobre aquéllas a quienes patrocinan.

Sólo alrededor de un 10 por ciento de las cien mil o más consultoras de Australia se ganan la vida con Nutri-Metics. La mayoría usa los productos o gana dinero en su medio tiempo para complementar sus ingresos actuales.

Cuando las consultoras comprometen a más reclutas, forman un equipo y comienzan a escalar los peldaños hacia la dirección. El primer nivel es de directora, de las que hay alrededor de ochocientas. De ahí ascienden a directora de distrito, luego a directora regional y finalmente a directora regional superior, de las que hay cuarenta en Australia. **Las regiones superiores son un grupo de mujeres muy exitosas. Son líderes, realizadoras y figuras modelo para las cien mil consultoras que están en el campo.**

Entrenamiento

La compañía proporciona entrenamiento continuo para las directoras, en las áreas de cuidado de la piel, organización de negocios y cursos de liderazgo. Las directoras entrenan a sus consultoras semanalmente. Cada reunión ofrece una oportunidad para el reconocimiento, las recompensas y la adquisición de nuevas habilidades.

Reconocimientos, recompensas, incentivos

El plan de reconocimiento por ganancias de Nutri-Metics proporciona interesantes incentivos y premios para las triunfadoras en todos los niveles. También le da a las personas comunes una oportunidad de vivir en forma extraordinaria por medio de un potencial de ingresos ilimitado, de viajes internacionales y autos de lujo.

Imelda Roche dice: **"Nutri-Metics es más que una simple compañía de productos para el cuidado de la piel. Es un estilo de vida.** Es una compañía que pone de relieve a las personas al ofrecer oportunidades sin paralelo para alcanzar el éxito, la libertad financiera, la seguridad y el crecimiento personal".

11. Pro-Ma

Declaración de principios

"Creemos en las personas, en sus sueños y en su potencial ilimitado para alcanzarlos".

Historia de la compañía

El director ejecutivo de los Sistemas Pro-Ma, Val Fittler, es un hombre inspirador. Inició la compañía en 1983, con Pro-Ma Performance Products, una línea de productos para el cuidado del automóvil, y un año después introdujo los Cosméticos Grace.

La visión de Val Fittler es ofrecer una línea de productos de calidad, un plan de mercadeo eficaz y le da gran importancia al entrenamiento. Val ha estudiado desarrollo personal durante veintidós años. Es un líder orientado hacia la práctica de campo.

Toda la familia Fittler está involucrada en el negocio. Sandra, la esposa de Val, maneja el personal, el desarrollo de productos y los ascensos, su hija Julie es la directora de ventas internacionales y el marido de Julie está en la propaganda y promociones. La hija menor de Val trabaja en las relaciones públicas de la compañía. A través de sus actividades, la familia conoce por su nombre a casi todos los varios miles de distribuidores en actividad.

Productos

Los productos del Sistema Pro-Ma están divididos en tres: los **productos Pro-Ma para el cuidado y rendimiento del automóvil**, los **Cosméticos Grace** y una nueva división de productos alimenticios, **Nutrición Pro-Ma**.

Val Fittler ha pasado muchos años investigando los productos para la salud y la buena condición. Ahora tiene una fórmula adecuada para las necesidades específicas de hombres y mujeres, que incluye un programa de control del peso con un producto de fibra que reduce el apetito, un *spray* de hierbas naturales que restablece el equilibrio al nivel de azúcar en la sangre y una fórmula de vitaminas y minerales.

Los Cosméticos Grace están basados en el aloe y en todas las vitaminas esenciales, y son solubles en agua. La línea de cuidado de la piel contiene protectores contra el Sol. La filosofía que está detrás de los cosméticos es hacer que las mujeres se sientan mejor consigo mismas y crear la belleza interior y exterior.

Filosofía

"Nuestros sueños pueden volverse realidad si tenemos el coraje de perseguirlos".

Pro-Ma anima a sus consultoras a esforzarse para dar más, para hacer más y tender la mano a los demás. La compañía cree que el dinero es sólo un instrumento que

---

---

no es bueno ni malo en sí mismo, pero si está bien administrado, puede dar el disfrute de algunas de las mejores cosas de la vida. Pro-Ma también anima a las consultoras a librarse de las deudas.

Plan de mercadeo

Se estimula a las consultoras para que formen un equipo por medio de la creación de redes, así como de continuar la venta al menudeo de los productos dándoles servicio a los clientes.

En la compañía hay un gran número de directoras. A partir del nivel de directora pueden pasar al nivel de directora superior, Superior de Oro y directora ejecutiva. Hay más de veinte directoras ejecutivas en Australia.

Más allá de la formación de una red, hay probabilidad de participar en la gerencia de campo. Hay gerentes nacionales y regionales en cada país de operación. Los directores pueden alcanzar estos puestos después de haber construido una red. Las gerentes de campo apoyan a las directoras y consultoras en el desarrollo de sus negocios.

Entrenamiento

La familia Fittler trabaja estrechamente con sus consultoras en el campo para dar desarrollo personal y destrezas gerenciales, estrategias de liderazgo, destrezas para vender y servicio para los clientes después de la venta. No les cobran a las consultoras por el entrenamiento; también les dan un manual, material de audio y video para ello. **Pro-Ma se concentra en el individuo, para construir una persona mejor**. Se dan talleres acerca del cuidado de la piel, creación de imagen a través del color y talleres intensivos para mujeres, respecto a la autoestima y crecimiento personal.

Reconocimientos, recompensas, incentivos

Tanto a nivel estatal como nacional, los premios creativos están diseñados para que las consultoras desplieguen sus destrezas, creatividad, gusto e individualidad. Las finalistas reciben viajes como premio, y una oportunidad para explorar nuevas dimensiones de confianza, crecimiento personal e iniciativa.

Pro-Ma ha lanzado un nuevo programa de reconocimiento, el Club de Recompensas, que reconocerá y premiará el desempeño de las distribuidoras con mercancía de calidad, viajes al exterior, computadoras o un auto nuevo.

Tuve el privilegio de ser invitada a la convención internacional de Pro-Ma de 1992, en la Gold Coast. El tema era **"Nada es imposible"**. Con la excitación, el entusiasmo y la energía que hay en Pro-Ma, ¡tuve la sensación de que nada era imposible!

12. Tupperware

Historia de la compañía

Los artículos de plástico para el hogar Tupperware tuvieron sus comienzos en New Hampshire, Estados Unidos, hace más de cincuenta años cuando Earl Tupper se dedicó a inventar un plástico que fuera flexible, resistente y no poroso. Luego diseñó una tapa que no dejara pasar aire ni agua. Quería que sus envases mantuvieran la comida fresca y contuvieran líquidos sin derramarse.

Tupperware llegó a los almacenes en 1942, pero las ventas al menudeo fueron decepcionantes. En 1949, uno de los agentes al mayoreo de la compañía, Brownie

Wise, apareció con el concepto de las demostraciones domésticas de Tupperware, y en 1951 Tupper sacó sus productos de las tiendas y los vendió exclusivamente a través de demostradores que trabajaban por su cuenta.

La primera reunión de Tupperware en Australia fue en Camberwell, en Melbourne, en 1961. En Australia, la compañía encabeza las ventas directas de artículos domésticos con operaciones al menudeo de más de 80 millones de dólares al año.

La compañía tiene un equipo de ventas de seis mil gerentes y concesionarios que tienen cerca de 250 000 demostraciones al año para alrededor de 1.8 millones de personas.

La sede mundial de Tupperware está en Orlando, Florida. Las ventas mundiales han alcanzado los 1 000 millones de dólares americanos y Tupperware se vende en más de cuarenta países. Se encuentra a Tupperware en el 91 por ciento de los hogares australianos y el 97 por ciento de los australianos han oído hablar de la marca.

Productos

Tupperware ha evolucionado considerablemente en 31 años. Se han creado nuevos colores, estilos y diseños para atraer al mercado contemporáneo. La línea de productos se ha expandido para incluir toda forma y tamaño imaginable en envases, incluyendo redondos, ovalados, cuadrados y rectangulares. **Tupperware crea el sistema perfecto de almacenaje, con botes, envases para conservar la comida fresca, para congelar, una línea para horno y conjuntos para picnic, así como juguetes para niños.** Tupperware se ha ampliado al segmento de baterías de cocina con su sistema único de utensilios apilables, recientemente introducido.

Plan de mercadeo

No hay inversión inicial. Las representantes determinan cuánto quieren ganar.

Puedes desarrollar tu propio negocio hasta el nivel de gerente, donde podrías ganar más de 50 000 dólares al año. Como gerente, también puedes calificar para un auto de la compañía.

Las actuales demostraciones de Tupperware pueden ser en cualquier lugar que desees: en oficinas, tés sociales, inauguraciones de casas, parrilladas o picnics. Hay regalos de agradecimiento a la anfitriona de Tupperware.

Las demostraciones de Tupperware han cambiado al haber más mujeres trabajando de tiempo completo. El formato de la demostración ahora es más adaptable y flexible. Puede tomar de 20 a 60 minutos en la casa, lugar de trabajo o club de alguien. El evento puede ser lo que la anfitriona quiere que sea. Un componente importante de la estrategia de mercadeo de Tupperware es demostrar las virtudes y la versatilidad de los productos en un ambiente relajado.

Tupperware también ha introducido una campaña de publicidad a gran escala, en todos los medios, para complementar el sistema de boca-en-boca. Tupperware ha resistido la prueba del tiempo. El producto es un nombre familiar y la demostración de Tupperware se ha convertido en el prototipo clásico del campo de la venta directa.

Entrenamiento

Tupperware da entrenamiento personalizado, completa ayuda promocional y cada vendedora aprende con la ayuda de gerentes y distribuidoras experimentadas. Además, hay apoyo proveniente de la extensa campaña nacional de publicidad y de los incentivos a clientes.

Reconocimientos, recompensas, incentivos

De ser una vendedora independiente de Tupperware puedes pasar a una carrera de tiempo completo como gerente, lo que te da la posibilidad de calificar para usar un nuevo auto de la compañía. Las gerentes con máximo desempeño ganan más de 50 000 dólares al año.

A lo largo de su carrera, las vendedoras de Tupperware reciben valiosos regalos como incentivo así como comisiones sobre las ventas.

13. Yves Rocher

Historia de la compañía

Yves Rocher lleva diez años en Australia y tiene cinco mil consultoras que venden su producto en toda la nación.

En Francia, Yves Rocher ha estado comerciando por más de 35 años y es la marca más grande de cosméticos de Europa. El fundador y principal ejecutivo de la compañía, Yves Rocher, ha dedicado su vida a desarrollar las fórmulas cosméticas más finas a partir de plantas. Su Laboratorio Verde está localizado en Bretaña, Francia, y es el punto de origen e inspiración para una línea de productos naturales para el cuidado de la piel y de belleza. Su línea contiene un gran número de extractos de plantas y flores, destinados a revitalizar, preservar, curar y proteger la piel.

Los investigadores de Yves continuamente prueban la eficacia de los productos y desarrollan otros nuevos.

Productos

La línea de cuidado de la piel contiene productos de origen natural para cada tipo de piel, e incluye leche limpiadora, loción tonificante, crema de día, crema de noche y máscaras faciales. La línea también tiene una gama completa de maquillaje, cuidado del cabello, fragancias, artículos de tocador masculinos, bronceadores, conjuntos para regalos y productos para la familia. La **línea tiene más de 300 productos, todos ellos fabricados y envasados en Francia**. La compañía tiene una política de respeto al medio ambiente y no se emplean pruebas en animales. Todos los productos tienen garantía, por lo que pueden ser reemplazados o reembolsarse el dinero.

Filosofía

La compañía que opera en Australia es totalmente de propiedad australiana, y está estructurada **para darles a las mujeres la oportunidad de tener un buen ingreso además de expandir y desarrollar su confianza, hacer nuevas amistades y divertirse en el proceso.**

Plan de mercadeo

El paquete inicial cuesta 145 dólares y tiene un valor comercial de casi 600 dólares. Los productos se venden en una demostración estilo fiesta. Además de la comisión inicial, hay bonos en cheque sobre las ventas por más de 500 dólares mensuales, y otro bono por ventas por más de 1 000 dólares.

Se estimula a las consultoras a expandir su negocio al

compartir la oportunidad y patrocinar a otras. Por medio del patrocinio, cada consultora crea un equipo. Los cheques de los bonos se calculan sobre las ventas de todas las vendedoras de un grupo personal.

Los niveles gerenciales en Yves Rocher, sin restricciones territoriales en ningún nivel, son:

- ❀ Consultora - comisión básica y bonos.
- ❀ Gerente de distrito - oportunidad de ganar un auto.
- ❀ Gerente regional - ingresos sustanciales, equipo grande, viajes internacionales.
- ❀ Gerente ejecutiva - éste es el máximo nivel y en él podrías ganar el premio del presidente, de 120 000 dólares. Actualmente hay cinco gerentes ejecutivas en Australia.

Entrenamiento

Yves Rocher pone énfasis en la información profesional y entrenamiento que se le da a cada consultora. La gerente de producto de la compañía, Anne Short, es una terapista de belleza profesional. A cada consultora se le ofrece un entrenamiento intensivo acerca del cuidado de la piel. Está disponible el apoyo para las ventas y manuales de entrenamiento, así como un sustancial auxilio de entrenamiento por parte de la compañía. Periódicamente se organizan reuniones referentes al conocimiento del producto y entrenamiento en ventas.

La compañía opera dos centros minoristas de tratamiento de belleza en Australia (en Sydney y Adelaide), y emplea ocho calificadas terapistas de belleza. Estas terapistas representan una valiosa fuente de asesoría, información y entrenamiento para las mujeres que realizan las ventas directas.

Reconocimientos, recompensas, incentivos

La compañía otorga periódicamente reconocimiento, motivación y estímulo bajo la forma de automóviles, viajes y premios. Estos se conceden cada mes, por desempeño en las ventas y en el patrocinio.

Glosario

✿ Patrocinar — Incorporar a alguien al negocio, entrenarlo y ayudarlo en su desarrollo.

✿ Red — Una gama de contactos.

✿ Mercadeo en red — Desarrollar un negocio de venta directa por medio de presentaciones personales.

✿ Recluta — Una persona recientemente enlistada en la compañía pero que todavía no está entrenada.

✿ Prospección — Búsqueda de nuevos negocios o reclutas.

✿ Comisiones — El porcentaje del valor del producto vendido, que se le paga a la agente.

✿ Niveles múltiples — El sistema por el cual el producto llega al consumidor final a través de una estructura gerencial de varios niveles.

✿ Reunión o fiesta — Demostración de un producto, generalmente en la casa o lugar de trabajo. Llamada así por la tradicional Reunión de Tupperware.

✿ Distribuidor/a — Agente/demostradora,

consultora de belleza/
vendedora. Diferentes
términos describen a la
agente minorista a comisión,
independiente, de la venta
directa, es decir, agente
independiente (no empleada)
que toma pedidos por una
comisión a nombre del
minorista de venta directa.

❀ Distribución El negocio independiente
creado por una distribuidora.

❀ Producto Los bienes o servicios
que se ofrecen.

❀ Incentivar Estimular con una
recompensa.

❀ Venta en pirámide Un fraude. Un plan de
comercialización ilegal
basado en el principio de la
cadena de cartas. Se invita a
las personas a ingresar a un
plan de mercadeo mediante
una gran inversión inicial.
También es ilegal la compra
de una cantidad sustancial
de producto con el atractivo
de recibir una recompensa
por hacer ingresar a otros al
plan.
Compara esto con un plan de
mercadeo legítimo donde las
únicas recompensas son las
ventas hechas al cliente, o un

bono generado por las ventas de otras personas que has reclutado y entrenado. No hay venta, no hay recompensa.

❀ Venta directa   La venta al menudeo de un producto directamente al cliente sobre la base de una relación de persona a persona, básicamente por medio de vendedores al menudeo independientes, y no de una tienda minorista. No debe confundirse con Mercadeo Directo, que es el término usado para iniciar las ventas al hogar u oficina por envío postal, teléfono, telemercadeo, etc., y no por medio de personas.

Sobre la autora

Cyndi Kaplan es una exitosa escritora, oradora, diseñadora y empresaria. Es directora ejecutiva de Godiva Publishing Pty Ltd, establecida en 1989. Tiene una licenciatura en psicología.

De 1977 a 1989 Cyndi mantuvo un negocio llamado Nikkikraft, diseñando, fabricando y comercializando juguetes para la actividad creativa. Cyndi vendió sus juguetes a todos los supermercados importantes de Australia, y también exportó sus diseños a Europa, Estados Unidos, Canadá y Nueva Zelanda. La línea Nikkikraft cumple ahora su décimo año en Australia y Kidz Korner Pty Ltd, con sede en Sydney, la distribuye bajo licencia.

En 1989 Cyndi escribió y publicó su primer libro, *Hay un lápiz labial en mi portafolios*, una guía para la nueva empresaria. El libro se basó en su propia experiencia en el área de los negocios internacionales, donde Cyndy desarrolló su variada experiencia en ventas, mercadeo y desarrollo de producto.

El libro ha sido muy bien recibido en Australia, Nueva Zelanda y Sudáfrica. Ahora está en su cuarta reimpresión. En usado como libro de consulta en los estudios acerca de pequeñas empresas en las escuelas de negocios. También lo usan las Corporaciones para el Desarrollo de la Pequeña Empresa en todos los estados.

Durante 1990-91 Cyndi viajó extensamente por Australia dando conferencias y motivando a mujeres en todas las áreas de los negocios. Quedó asombrada por la cantidad de mujeres talentosas que conoció en el área de la venta directa. Esto estimuló su deseo de escribir un libro para promover el ramo de la venta directa.

La misión de Cyndi es inspirar, **estimular y motivar a las mujeres para que desarrollen su potencial y alcancen la independencia financiera.**

El talento de Cyndi para hablar en público tiene gran demanda en toda Australia, y siempre está dispuesta a participar en conferencias, seminarios y convenciones.

Recomendaciones

La belleza de los Negocios es uno de los manuscritos más brillantes y refrescantes que he leído jamás - ágil, fácil de leer y sumamente motivador.

—Bill Duncan, Gerente de Asuntos Corporativos
AMWAY DE AUSTRALIA PTY LTD

La belleza de los Negocios está lleno de información sobre cómo iniciar un negocio en el área de la venta directa, especialmente para la persona lega que está empezando. El libro tiene una gran cantidad de material para entrenamiento. No lo pude dejar.

—Sherien Foley, Directora Ejecutiva
SISTEMAS PRO-MA Y COSMÉTICOS GRACE

¡Un libro fantástico! Lectura obligatoria para cualquiera que esté mirando seriamente al MMN así como para aquéllos que ya están en el ramo.

—Tom y Elfie Reiner, Distribuidores de HERBALIFE

Una guía práctica para la mujer moderna que ha tomado la decisión de asegurar su futuro financiero por medio del poder del mercadeo a múltiples niveles.

—Laraine Richardson, Miembro del Equipo
del Presidente
HERBALIFE INTERNACIONAL

La Belleza de los Negocios es un excelente manual conteniendo un análisis objetivo de las oportunidades que existen al interior de la venta directa.

—Marcia Griffin, Gerente General
COSMÉTICOS POLA

La Belleza de los Negocios es un manual realista para cualquiera que contemple hacer una carrera en la venta directa, y un buen recordatorio de los principios básicos para aquéllos ya involucrados en ella.

—Guillian Chan, Directora de Ventas
COSMÉTICOS MARY KAY

Esta edición se imprimió en Noviembre de 2002, Editores Impresores
Fernández, S.A. de C.V. Retorno 7-D Sur 20 No 23, México, D.F. 8500